Gabriele Lehari | Christoph Narzt

Fruchtweine und Kräuterweine

Gabriele Lehari
Christoph Narzt

Fruchtweine und Kräuterweine

Leopold Stocker Verlag
Graz – Stuttgart

Umschlaggestaltung, Layout und Repro:
DSR Werbeagentur Rypka GmbH, 8143 Dobl/Graz, www.rypka.at
Titelbild: Mona Lorenz
Fotos Umschlag Rückseite: (von oben nach unten): C. Narzt; azerbaijan_stockers/freepik;
G. Lehari (3)

Bibliografische Information der Deutschen Nationalbibliothek
Die Deutsche Nationalbibliothek verzeichnet diese Publikation in der Deutschen Nationalbibliografie; detaillierte bibliografische Daten sind im Internet unter http://dnb.d-nb.de abrufbar.

Hinweis: Dieses Buch wurde auf chlorfrei gebleichtem Papier gedruckt. Die zum Schutz vor Verschmutzung verwendete Einschweißfolie ist aus Polyethylen chlor- und schwefelfrei hergestellt. Diese umweltfreundliche Folie verhält sich grundwasserneutral, ist voll recyclingfähig und verbrennt in Müllverbrennungsanlagen völlig ungiftig.

Auf Wunsch senden wir Ihnen gerne kostenlos unser Verlagsverzeichnis zu:
Leopold Stocker Verlag GmbH
Hofgasse 5/Postfach 438
A-8011 Graz
Tel.: +43 (0)316/82 16 36
Fax: +43 (0)316/83 56 12
E-Mail: stocker-verlag@stocker-verlag.com
www.stocker-verlag.com

ISBN 978-3-7020-2036-1

INHALT

© Pavel Vinnik/shutterstock

EINFÜHRUNG

GESCHICHTE DES WEINES

„Ein ausschließlich durch vollständige oder teilweise alkoholische Gärung frischer oder eingemaischter Weintrauben oder von Traubenmost erzeugtes Produkt“, so lautet die offizielle Definition von Wein.

Die Geburtsstunde des Weines liegt ungefähr 10.000 Jahre zurück. Archäologische Funde in Kleinasien, zwischen Euphrat und Tigris, lassen vermuten, dass zu dieser Zeit bereits Weinreben kultiviert wurden und dort die ersten Vorläufer unserer Kellereien entstanden sind. Die ursprüngliche Bedeutung der Weinbereitung lag nicht darin, ein berauschendes Getränk herzustellen, sondern den aus Trauben gewonnenen Saft haltbar zu machen. Die Erkenntnis, dass Alkohol eine konservierende Wirkung hat, verdanken die Menschen der einst zufälligen Entdeckung, dass Traubensaft und Traubenmaische – sich selbst überlassen – spontan zu gären anfangen. Die angenehm berauschende Nebenwirkung des auf diese Weise haltbar gemachten Getränkes konnten sich die Menschen damals nicht erklären. Kein Wunder also, dass verschiedene Kulturkreise eine bestimmte Gottheit als Gott des Weines verehrten, den sie für die „geistige“ Wirkung verantwortlich machten. Die Griechen brachten dem Gott Dionysos, die Römer dem Gott Bacchus zahlreiche Opfergaben zur Erntezeit dar.

Wie heute beim christlichen Abendmahl spielte auch damals der Wein eine wichtige Rolle bei festlichen Ritualen. In Ägypten war der Rebensaft das Getränk für die privilegierte Bevölkerungsschicht. Zur Zeit des Pyramidenbaus, etwa 2500 v. Chr., tranken die Herrscher Wein, die Sklaven durften eine Art Bier trinken.

HINWEIS! Jahrtausendealte Tradition

Der Ursprung der Weinbereitung liegt etwa 10.000 Jahre zurück.

Ägypten war das erste Land, das systematisch Weinbau mit kultivierten Reben betrieb. Vor etwa 4.000 Jahren gelangte der Wein nach Griechenland, wo er erstmalig zum Volksgetränk wurde. Die Griechen versuchten damals, den Wein durch Zusatz von anderen Früchten oder Honig zu verbessern. Sie stellten auch schon Essig aus Wein her. Von der Ägäis gelangte der Weinbau zunächst nach Italien und von dort nach

Spanien und Frankreich. Noch vor Christi Geburt brachten die Römer den Weinbau nach Germanien. Bis dahin importierten die Germanen zunächst griechische, später gallische Weine.

Auf dem Gebiet des heutigen Österreichs erlebte der Weinbau seine erste Blütezeit, als der römische Kaiser Probus im Jahre 280 n. Chr. das im Jahr 91 n. Chr. verfügte Pflanzverbot für Weinreben nördlich der Alpen aufhob. Daraufhin legten vor allem römische Legionäre, die sich dort ansiedelten, Weingärten entlang der Donau sowie in der Umgebung des Neusiedler Sees, in Eisenberg und in der Steiermark an. Durch die Römer wurde der Sortenbestand verbessert und erweitert, und auch die Kellertechnik wurde fortschrittlicher.

Die Qualität der damals hergestellten Weine ist mit den heutigen Weinen nicht zu vergleichen. Man muss sich den antiken Wein als ein äußerst saures und trübes Getränk vorstellen. Einen erheblichen Aufschwung erlebte der germanische Weinbau um 800 n. Chr. unter Karl dem Großen. Dieser importierte Kulturreben aus den klassischen Weinbaugebieten und pflanzte sie an klimatisch besonders günstigen Hängen an. Er förderte die Verbreitung des Weinbaus besonders durch die Klöster. Im 16. Jahrhundert erreichten die deutschen Weinbaugebiete ihre größte flächenmäßige Ausdehnung von etwa 300.000 Hektar. 1983 betrug die Größe der Ertragsfläche nur noch 90.000 Hektar. Heute beträgt sie etwa 103.000 Hektar und wird von rund 48.000 Winzern genutzt.

In Österreich beträgt die Weinanbaufläche etwa 46.000 Hektar, die von circa 20.000 Betrieben bewirtschaftet wird. Dadurch wird deutlich, dass es sich hierbei meistens um Kleinbetriebe handelt. Der Trend der letzten Jahre, sowohl in Österreich als auch in Deutschland, ist eine Konsolidierung mit weniger, aber dafür größeren Weinbauern.

Vom 18. Jahrhundert an entwickelte sich der Edelweinbau: Die Weinherstellung erfolgte sorgfältiger und die Sortenvielfalt wurde größer. Erst zu dieser Zeit entstanden die auch heute noch bekannten Qualitätsunterschiede, wie Prädikatswein, Spätlese, Beerenauslese usw.

Qualitativ hochwertige Fruchtweine sind sehr lange haltbar und haben auch nach 20 Jahren bezüglich Aroma und Alkoholgehalt noch nichts eingebüßt. © G. Lehari

„WEINÄHNLICHE GETRÄNKE“ UND „FRUCHTDESSERTWEINE“

Dieses Buch beschäftigt sich schwerpunktmäßig mit der Herstellung von Weinen aus Obst und Beeren sowie aus einigen anderen pflanzlichen Rohstoffen primär für den Hobbywinzer.

In Deutschland nennt man aus Kernobst hergestellte Erzeugnisse „Obstwein“, wogegen aus Stein- und Beerenobst hergestellte Erzeugnisse als „Fruchtwein“ bezeichnet werden. Beide Gruppen fallen lebensmittelrechtlich gesehen unter den Sammelbegriff „weinähnliche Getränke“. Enthalten diese mehr als 13 Vol.-% Alkohol, nennt man sie „Fruchtdessertweine“.

In Österreich sind die Bezeichnungen ein wenig anders. Generell werden Obstwein und Fruchtwein als Synonym verwendet. Um dem Trend der steigenden Qualität österreichischer Obstweine gerecht zu werden, gibt es seit 2014 ein eigenes Obstweingesetz, in dem die Bezeichnungen genau geregelt sind.

WICHTIG! Bezeichnungen

In Deutschland gilt: Obstwein wird aus Kernobst hergestellt, Fruchtwein dagegen aus Stein- und Beerenobst. In Österreich ist Obstwein der Überbegriff und man unterscheidet Kernobst-, Beeren- und Steinobstwein.

In diesem Buch wird aber der Einfachheit halber nur von „Fruchtwein“ oder „Wein“ gesprochen.

Wie die Herstellung von Traubenwein blickt auch die Fruchtweinerzeugung auf eine lange Tradition zurück. Da in Deutschland Weinreben nicht überall gut gedeihen, versuchte man aus anderen Fruchtsäften oder -maischen weinähnliche Getränke herzustellen. Einen besonderen Aufschwung erlebte die Hausweinbereitung in den mageren Nachkriegsjahren, in denen die Bevölkerung versuchte, möglichst viele Lebensmittel selbst zu erzeugen.

Lebensmittelrechtlich wird ein aus Äpfeln erzeugter Wein als Obstwein bezeichnet.
© G. Lehari

In Österreich und Deutschland ist wohl der Apfel- und Birnenmost oder „Äppelwoi“ am bekanntesten, der mit seinen 4–7 Vol.-% Alkohol und dem herb-fruchtigen Aroma ein wohlschmeckendes Erfrischungsgetränk darstellt. Höherprozentige Fruchtdessertweine werden bei uns im Handel seltener angeboten. Qualitativ stehen diese Weine den Traubenweinen um nichts nach. Durch die verschiedenen für die Weinbereitung geeigneten Rohstoffe ist es dem Hobbywinzer möglich, eine reichhaltige Palette an Weinen herzustellen. Durch die entsprechende Auswahl der Zutaten kann der Hausweinbereiter den Wein so gestalten, wie er ihm am besten schmeckt bzw. bekommt. So ist es beispielsweise kein Problem, einen auch für Diabetiker verträglichen Fruchtwein herzustellen. Neben der Menge des Restzuckers lassen sich Alkohol- und Säuregehalt sowie die Intensität der Aromastoffe im Wein beeinflussen.

HINWEIS! Alkoholgehalt

Apfel- oder Birnenmost hat 4–7 Vol.-% Alkohol

DIE ENTSTEHUNG DES ALKOHOLS

Bevor man sich praktisch mit der Weinbereitung befasst, sollte man sich zuvor die Frage stellen, die erst vor rund 175 Jahren von namhaften Wissenschaftlern beantwortet werden konnte: *„Wie kommt der Alkohol in den Wein?“*

Theodor SCHWANN, der als Erster erkannte, dass alle Lebewesen aus den kleinsten Untereinheiten, den Zellen, zusammengesetzt sind, erbrachte 1836 den Beweis, dass sämtliche Fäulnis- und Gärungsprozesse auf die Anwesenheit von Keimen zurückzuführen sind. Ein Jahr später entdeckte SCHWANN mithilfe eines Mikroskops, dass Hefe aus einer Masse pflanzenähnlicher Wesen besteht und dass diese für die alkoholische Gärung verantwortlich sind.

Wesentlich berühmter als Schwann wurde Louis PASTEUR, der sich als erster mit der Gärungschemie beschäftigte. 1857 entdeckte er auf den Schalen reifer Früchte Mikroorganismen, die er isolierte. Mit deren Hilfe konnte er eine alkoholische Gärung hervorrufen. Er fand verschiedene Arten von Gärungserregern und identifizierte einige davon als hefeartige Pilze. 1866 legte er mit seiner Veröffentlichung „Etudes sur le vin“ (Untersuchungen über den Wein) den Grundstein eines wirtschaftlich nutzbaren Zweiges der Mikrobiologie. Bereits am Ende des 19. Jahrhunderts gab es zahlreiche Hefe- und Spiritusfabriken.

Heute sind die Mikroorganismen, zu denen Pilze, Hefen, Viren und Bakterien zählen, als „kleine Helfer“ bei der Herstellung von Lebensmitteln, wie Bier, Wein, Brot, Käse und anderen Milchprodukten, nicht mehr wegzudenken. Allen diesen lebensmitteltechnischen Produktionszweigen ist gemeinsam, dass die hervorgerufenen Veränderungen der Ausgangsstoffe auf die Wirkung bestimmter Stoffwechselprodukte, die von den Mikroorganismen ausgeschieden werden, zurückzuführen sind.

HINWEIS! Wein vs. Likör

Durch die Vergärung mit Hefen entstehen sekundäre Aromastoffe, welche bei einem Likör fehlen.

Der Alkohol entsteht also durch Hefen, welche Zucker in Alkohol und Kohlendioxid umwandeln. Dies kann der Fruchtzucker der verwendeten Früchte oder Beeren als auch ein zugefügter Rübenzucker sein. Durch diese Vergärung entsteht auch eine Reihe weiterer Geschmacksstoffe, die man als sekundäre Aromen bezeichnet. Diese sind der Grund, warum vergorene Weine wesentlich vielfältiger schmecken, als mit reinem Alkohol versetztes Obst bzw. Fruchtsaft, wie dies bei Likören der Fall ist.

VON DER FRUCHT ZUM WEIN

Der Hobbywinzer, der sich entschließt, einen wohlschmeckenden Wein aus den verschiedensten Früchten herzustellen, muss sich zunächst darüber im Klaren sein, dass die Fruchtweinbereitung sehr arbeitsintensiv sein kann und die Anschaffung verschiedener Gerätschaften und Zutaten unbedingt erforderlich ist. Andererseits erfüllt es ihn immer wieder mit Stolz und Befriedigung, wenn schließlich der fertige Fruchtwein im Kellerregal lagert und zur Weinprobe geladene Gäste diesem Anerkennung zollen.

© G. Lehari

HINWEIS! Was wird benötigt?

Bevor die einzelnen Arbeitsschritte genau beschrieben werden, wird zunächst auf die notwendigen Geräte und Zutaten eingegangen.

NOTWENDIGE GERÄTE UND HILFSMITTEL

Bevor der Hobbywinzer zu Hause mit der Weinbereitung beginnt, muss er sich zunächst eine gewisse Grundausstattung an Geräten und Hilfsmitteln zulegen.

- Eimer aus lebensmittelechtem Kunststoff zum Sammeln von Früchten, die auch hilfreich beim Umfüllen von Maische oder Saft sind
- Sieb bzw. Korb zum Waschen der Früchte

- Trichter aus lebensmittelechtem Kunststoff zum Einfüllen von Maische oder Saft in den Gärballon
- großer Topf aus Edelstahl oder emailliert zum Erhitzen von Früchten (falls nötig) und Zuckerlösung
- Küchenmesser und Kartoffelstampfer aus rostfreiem Edelstahl zum Verarbeiten und Zerkleinern von Früchten
- Korbpresse oder eine kleine Hydropresse zum Entsaften der Früchte
- elektrischer Entsafter zum Entsaften von kleineren Mengen an Früchten
- eventuell Obstmühle zum Verarbeiten von großen Mengen an Kernobst
- Leinentuch oder Tuch aus Nylongewebe zum Abpressen des Saftes
- Gärbehälter aus lebensmittelechtem Kunststoff oder Glas zum Vergären von Saft oder Maische
- Gummistopfen und Gäraufsatz aus Plastik oder Glas zum Verschließen des Gärbehälters
- Mostwaage bzw. Refraktometer zum Bestimmen des Mostgewichtes des Fruchtsaftes
- Acidometer zum Bestimmen des Gehaltes an Gesamtsäure und schwefliger Säure
- Vinometer zum Bestimmen des Alkoholgehaltes des Weines
- eventuell Filterpapier bzw. kleines Hobbyfiltergerät zum Filtern des fertigen Weines
- Weinheber oder lebensmittelechte Schläuche zum Umfüllen und Abfüllen des Weines

Einige der wichtigsten Utensilien für die Hausweinbereitung: Korbpresse, Standzylinder, Öchslewaage, Messzylinder, Reinzuchthefe, Korken, Verkorkapparat und Trichter © G. Lehari

© C. Narzt

Zum Umfüllen des Weines benötigt man Eimer, Trichter und Weinheber aus lebensmittelechtem Kunststoff. © G. Lehari

- leere Flaschen zum Abfüllen des fertigen Weines
- Korken oder Schraubverschlüsse zum Verschließen der Weinflaschen
- Verkorker (Hand- bzw. Standgerät) zum Verkorken der Weinflaschen
- Selbsthaltende Klemmen (Federzwinge) aus Kunststoff zum Fixieren von Schläuchen
- Thermometer, um die Maischetemperatur zu bestimmen. Hierzu eignen sich besonders kontaktlose Fieberthermometer mit sogenanntem Raum- oder Objektmodus, die im Bereich von 0–100 °C messen können (solche Modelle sind typischerweise genauer als normale Infrarotthermometer, die einen deutlich höheren Temperaturbereich messen können).

Praxistipp: Federzwingen können eine dritte Hand ersetzen und sind eine echte Hilfe im Keller für wenig Geld. © C. Narzt

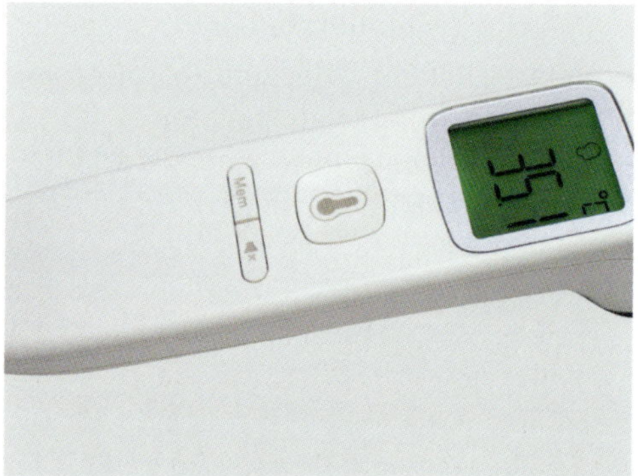

Kontaktlose Fieberthermometer eigenen sich auch, um die Maischetemperatur zu bestimmen. © C. Narzt

ROHSTOFFE UND ZUTATEN

Neben den eigentlichen Rohstoffen, aus denen der Wein zubereitet werden soll, benötigt man natürlich auch noch einige andere Zutaten, die ebenso wie die technischen Hilfsmittel bereitstehen sollten, bevor man mit der Weinbereitung beginnt. Nicht alle Zutaten sind bei jedem Wein notwendig, aber es ist durchaus üblich, dass man eine höhere Anzahl an Inhaltsstoffen als im klassischen Weinbau einsetzt.

TIPP! Qualität der Rohstoffe

Wie in jedem Bereich des Selbermachens ist die Qualität des Endprodukts abhängig vom Ausgangsprodukt! Daher nur einwandfreie Rohstoffe verwenden! Überreife Früchte sind zu bevorzugen, wobei fehlerhafte oder gar schimmelnde Früchte aussortiert werden sollten.

- Rohstoffe wie Früchte, Getreide, Blüten und Ähnliches
- Wasser
- Zucker
- Kaliumpyrosulfit („Schwefel“)
- Antigel (Enzyme, gibt es auch in Pulverform)
- Zitronensäure oder 80-prozentige Milchsäure
- Flüssig- oder Trockenhefe

- Hefenährsalz
- verschiedene Schönungsmittel wie Kieselsol, Gelatine, Agar-Agar (eventuell)
- Ascorbinsäure, also Vitamin-C-Pulver (eventuell)
- Siegellack für die Korken (eventuell)

WICHTIG! Herausforderung Fruchtweinherstellung

Die Fruchtweinherstellung erfordert mitunter mehr Zutaten als der klassische Weinbau!

WICHTIG! Achtung!

Wird Obstwein für den Verkauf hergestellt, so sind die für das jeweilige Land gültigen Wein- und Lebensmittelgesetze zu beachten! In Österreich gibt es hierzu eine eigene Obstweinverordnung.

Veganer Wein

Was bedeutet es, wenn ein Wein bzw. Obstwein als „vegan" bezeichnet wird? Viele fragen sich, was eigentlich nicht vegan an einem Wein sein kann, aber man muss hier schon genauer hinsehen, um diese Frage vollständig zu beantworten. Sieht man einmal von den Insekten ab, die bei der Wein- und Obstweinherstellung teilweise

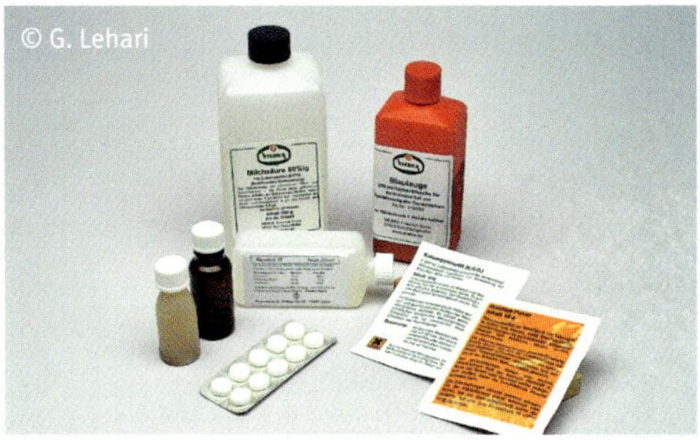

Die wichtigsten Zutaten und Hilfsmittel, wie Milchsäure, Blaulauge, Kieselsol, Kaliumpyrosulfit, Hefenährsalz, Gelatine sowie Reinzuchthefen, sind im guten Fachhandel erhältlich.

wie magisch angezogen werden, verwendet man prinzipiell nur Zutaten die vegan sind (Früchte, Zucker, etc.). Allerdings sind das Wesentliche bei der veganen Weinherstellung die Schönungsmittel (siehe ab S. 73). Die gängigsten Schönungsmittel sind heutzutage noch immer tierischen Ursprungs, wie zum Beispiel die Gelatine. Allerdings gibt es am Markt mittlerweile ausreichend vegane Alternativen, welche allerdings auch etwas kostspieliger sind. Führt man also keine Schönung durch, was übrigens das Ziel eines Hobbywinzers sein sollte, wäre jeder Obstwein vegan.

Um ganz genau zu sein, muss abschließend hierzu noch das Etikett auf der Flasche erwähnt werden. Die Klebstoffe, die bei selbstklebenden Etiketten verwendet werden, sind im Normalfall nicht vegan. Als vegan zertifizierte Etiketten kosten mehr.

ÜBERBLICK ÜBER DIE EINZELNEN ARBEITSSCHRITTE

Im Folgenden wird ein kurzer Überblick über die Arbeitsschritte bei der Weinbereitung gegeben, die im weiteren Verlauf des Textes detailliert behandelt werden.

1. Ernten, Waschen und Putzen der zu verarbeitenden Früchte
2. Zerkleinern oder Entsaften der Früchte, abhängig davon, ob eine Maische- oder Saftgärung durchgeführt werden soll

3. Einfüllen des Gärgutes in den sauberen Gärbehälter
4. Gegebenenfalls Zusatz von Antigel bzw. Enzymen
5. Schwefeln mit Kaliumpyrosulfit
6. Zugabe der notwendigen Menge an Zuckerlösung und Milchsäure nach vorherigen Messungen und Berechnungen
7. Nach Abkühlen Zusatz von Hefe und Hefenährsalz
8. Verschließen des Gärbehälters mit Gummistopfen und Gäraufsatz
9. Regelmäßiges Umrühren des Gärgutes und Beobachten des Gärverlaufes
10. Gegebenenfalls nach ca. zwei Wochen Abziehen von der Maische
11. Nach Beendigung der Gärung Kühlstellen des Gärbehälters
12. Wiederholtes Abziehen vom Trub, bis der Wein klar ist
13. Bestimmung von Zucker-, Säure- und Alkoholgehalt und eventuell Korrektur von Restsüße und Säuregehalt
14. Falls notwendig, Schönungen
15. Auf vorher gewaschene Flaschen ziehen und verkorken
16. Eventuell Versiegeln des Korkens
17. Beschriften der Flaschen mit Etiketten

© C. Narzt

© C. Narzt

Kornelkirsche © C. Narzt

SAISON DER WEINBEREITUNG

Besonders geschäftig wird der Hobbywinzer im Sommer und im Herbst, wenn die heimischen Früchte reifen und geerntet werden können. Steht mehr Obst zur Verfügung, als man momentan verarbeiten kann, sollte man dieses einfrieren und später weiterverarbeiten. Eingefrorene Früchte eignen sich ebenso gut zur Weinbereitung wie frische. Will man im Winter nicht ganz untätig sein, kann man sich – neben der Aufarbeitung der eingefrorenen Früchte – auch auf die Weinbereitung aus Konserven- oder Trockenobst sowie aus Getreide konzentrieren. Auch wird das Angebot von exotischen Früchten immer größer, sodass man außerhalb der Saison auch Wein aus Tropenfrüchten herstellen kann. Im Frühjahr besteht die Möglichkeit, aus verschiedenen Blütenblättern aromatische Weine zuzubereiten. Wie man sieht, ist die Hausweinbereitung keineswegs eine rein saisonale Sache, vorausgesetzt der Hobbywinzer lässt ein wenig seine Fantasie spielen.

SAFT- ODER MAISCHEGÄRUNG

Bevor man beginnt die Rohstoffe zu verarbeiten, muss man sich entscheiden, ob man eine Saft- oder eine Maischegärung durchführen will. Bei einer Saftgärung wird von vornherein nur der durch unterschiedliche Methoden gewonnene Saft vergoren.

EINMAISCHEN

Bei einer Maischegärung vergärt man zunächst den aus zerkleinerten Früchten entstandenen Fruchtbrei, presst nach ca. zwei Wochen den angegorenen Saft ab und verfährt dann weiter wie bei einer Saftgärung. Die Maischegärung zieht man bei Früchten mit einem hohen Pektingehalt und bei Früchten mit einer intensiven roten Farbe, die auch später im Wein erhalten bleiben soll, vor. Es finden sich dann im Wein aber auch unerwünschte Substanzen, wie z. B. Rückstände von Pflanzenschutzmitteln oder Schwermetallverbindungen, wieder. Die Konzentration dieser besonders an Zellstrukturen gebundenen Stoffe kann man bei Durchführung einer Saftgärung im Wein möglichst gering halten.

Geschmacklich ist eine Maischegärung der Saftgärung aber überlegen und daher zu bevorzugen. Bezüglich der Handhabung ist eine Saftgärung einfacher und vor allem bei Kernobst (Äpfel, Birnen) und Holunderbeeren zu empfehlen.

Im Gärungsverhalten unterscheiden sich Saft- und Maischegärung insofern, dass der Maischegärungsbehälter höchstens zu zwei Drittel gefüllt sein darf, da der Fruchtbrei bei heftiger Gärung schäumt und durch die Gasentwicklung bei zu klein gewählten Gefäßen aus der Öffnung herausquellen kann. Bei einer Saftgärung kann man das Gärgefäß bis zu drei Viertel füllen.

Dieser Effekt, dass die Maische oder der Saft während der Gärung übergehen kann, hängt auch mit der Temperatur zusammen, und daher ist bei wärmeren Temperaturen hier besondere Vorsicht geboten.

Waschen des Obstes

Vor der Verarbeitung sollte man, wenn notwendig, die Früchte so gründlich wie möglich waschen. Dazu füllt man am besten das zu waschende Obst in ein Sieb bzw. einen Korb, dessen Löcher nicht zu klein sein dürfen, und spült es mit klarem Wasser ab. Staub und Schmutzpartikel werden durch die Löcher weggespült. Mit dieser Reinigungsmethode kann man auch weichere Früchte relativ schonend waschen. Blüten oder empfindliche Beeren, wie zum Beispiel Himbeeren, sollten nicht gewaschen werden.

Zerkleinern des Obstes

Nach dem Abtropfen zerkleinert man die Früchte je nach Art mit verschiedenen Geräten. Weiche Früchte, wie Himbeeren, Brombeeren oder Erdbeeren, zerdrückt man mit einem Kartoffelstampfer. Großes Stein- und Kernobst zerschneidet man und entfernt die Steine bzw. das Gehäuse. Will man das nicht mit der Hand tun, kann man entweder Obstmühlen oder elektrische Hackschnitzel- oder Zerkleinerungsgeräte benutzen. In der Praxis kommen auch – zuvor sorgfältig gereinigte – Gartenhäcksler zum Einsatz. Danach muss das Gerät wieder gründlich gesäubert werden, da die Fruchtsäuren recht aggressiv sind. Man muss besonders darauf achten, dass die Kerne bzw. Steine nicht zerstört werden, da die darin enthaltenen Aromastoffe den Wein verderben können, und dass die Früchte nicht zu Mus gemahlen werden.

TIPP! Saubere Früchte

Vor der Weinbereitung sollten die Früchte gründlich gewaschen werden.

Gefäße

Grundsätzlich sollten die Früchte und der Wein nie mit blanken Metallen, wie Eisen, Aluminium und besonders Zink, in Berührung kommen, da die im Obst enthaltenen Säuren auf den Metallen chemische Reaktionen hervorrufen und so schlecht schmeckende, ja sogar gesundheitsschädigende Stoffe entstehen können. Geeignet für die

Das Aussortieren von unreifem Obst steigert die Qualität des Fruchtweines. © C. Narzt

Fruchtverarbeitung sind Gefäße aus Glas, lebensmittelechtem Kunststoff, emailliertem oder lackiertem Metall und Edelstahl.

Pektine

Pektine sind Kohlenhydrate, die faser- und fadenförmige Makromoleküle bilden, welche lose miteinander vernetzt sind und in ihren Zwischenräumen Wasser einlagern. Solche gallertigen Lösungen mit hoher Viskosität, die Wasser kolloidal binden, nennt man auch Gelee.

Das Pektin hält das Wasser in den Geweben und erschwert somit das Auspressen der Früchte. Das Gelieren der Früchte oder des Fruchtsaftes bei der Marmeladen- oder Geleeherstellung ist auf die Wirkung des Pektins zurückzuführen. Der Weinbereiter allerdings, der ja eine möglichst hohe Saftausbeute erzielen möchte, empfindet diese gelierende Eigenschaft eher als störend.

HINWEIS! Geeignete Früchte

Weil manche Früchte sehr viel Pektin enthalten, sollte man bei der Auswahl der Früchte für die Fruchtweinbereitung darauf achten, denn viel Pektin erschwert das Auspressen der Früchte.

Pektine lassen sich nur auf biochemischem Wege zerstören. Die in allen Früchten enthaltenen pektinspaltenden Enzyme beginnen sofort nach Zerkleinerung der Früchte das Pektin zu zersetzen. Allerdings geht dieser Vorgang nur sehr langsam vor sich. Will man dessen Umsetzung beschleunigen oder verarbeitet man Früchte mit hohem Pektingehalt, wie z. B. Marillen (Aprikosen), Quitten, Pfirsiche, Pflaumen oder Schlehen, empfiehlt es sich, der Maische zusätzlich pektinspaltende Enzyme zuzusetzen. Diese

Wenn die Erntesaison bei uns vorbei ist, kann man beispielsweise auch Kiwiwein zubereiten. Die Rohstoffe sind mittlerweile das ganze Jahr über erhältlich. © G. Lehari

erhält man in Pulverform oder in wässriger Lösung, bekannt unter den Namen „Antigel“ oder einfacher nur „Enzyme“.

Da das Enzym in Flüssigform bei warmen Temperaturen schnell seine Aktivität verliert, sollte man größere Mengen unbedingt im Kühlschrank lagern, wo man sie unbedenklich ein Jahr aufbewahren kann. Die im Handel erhältlichen pektolytischen Enzyme werden industriell aus Pilzen gewonnen.

Zusatz von Antigel

Das Antigel wird sofort nach dem Zerkleinern der Früchte der Maische zugesetzt. Die Wirkung hängt sehr stark von der Temperatur der Maische ab. Unter 10 °C sind die Enzyme so gut wie nicht wirksam, auch bei einer hohen Dosierung. Bei 20 °C sollten die Enzyme etwa zehn Stunden lang einwirken, bei 30 °C etwa fünf Stunden. Die höchste Saftausbeute erhält man durch eine zweistündige Behandlung bei 45 °C. Eine weitere Temperatursteigerung erhöht die Saftausbeute nicht mehr. Über 55 °C werden die hitzeempfindlichen Enzyme nämlich denaturiert, das heißt, die Moleküle werden zerstört und inaktiviert. Grundsätzlich lässt sich sagen, eine Erhöhung um 10 °C (im entsprechenden Temperaturbereich) verkürzt die Einwirkzeit um 50 Prozent. Diese temperaturabhängige Reaktionsgeschwindigkeit ist eine Eigenschaft, die alle Enzyme haben, die in lebenden Organismen vorkommen.

HINWEIS! Mehr Saft

Antigel wird für das Zersetzen des Pektins und damit für eine erhöhte Saftausbeute eingesetzt. Je saurer die Früchte, desto mehr Antigel wird benötigt.

Außer der Temperatur beeinflusst der Säuregehalt der Maische die Wirksamkeit des Antigels. Je mehr Säure in den Früchten enthalten ist, umso mehr Antigel muss zugesetzt werden.

Da die enzymatische Wirkung nicht nur das Abpressen erleichtert und damit die Saftausbeute erhöht, sondern auch die Freisetzung von Farb- und Aromastoffen und die Klärung des Weines verbessert, sollte man bei der Verarbeitung aller Fruchtarten Antigel einsetzen. Die Dosierung liegt bei 1–3 g/kg Maische. Eine höhere Dosierung schadet nicht, beschleunigt aber nicht immer den Pektinabbau.

Am Markt gibt es auch pektolytische Enzyme in Pulverform, bei diesen ist den Dosierangaben des Herstellers zu folgen. In folgender Tabelle ist die typische Dosierung für klassisches flüssiges Antigel bei 20 °C und 12 Stunden Einwirkdauer dargestellt:

Dosierung von Antigel

Frucht	Dosierempfehlung je 1 kg Maische
Kirschen, Holunderbeeren	1–1,5 g
Johannisbeeren (rot, weiß), Heidelbeeren, Aprikosen (Marillen), Pfirsiche	1,5–2 g
Brombeeren, Himbeeren, Erdbeeren, Mirabellen	2–2,5 g
Zwetschgen, Schlehen, Johannisbeeren (schwarz), Stachelbeeren, Quitten	2,5–3 g

Es ist also offensichtlich, dass ein vollständiger Pektinabbau auch die Qualität des fertigen Weines beeinflusst und daher eine Behandlung der Maische mit Antigel empfehlenswert ist. Die mit Antigel behandelte Maische kann nun vergoren werden.

TIPP! Bestmöglicher Pektinabbau

Die Behandlung der Maische mit Antigel erhöht die Saftausbeute und ist immer empfehlenswert.

Methanolbildung

Ein unerwünschtes Nebenprodukt, welches durch den Pektinabbau freigesetzt wird, ist das Methanol (Methylalkohol). Je mehr Pektin in den Früchten enthalten ist, umso mehr Methanol wird gebildet.

Methanol ist farblos, riecht angenehm und ist in größeren Mengen giftig. Da der

Gehalt in Fruchtweinen jedoch sehr gering ist (etwa 0,5–1 g/l), ist der Genuss völlig unbedenklich. Im Vergleich dazu: 1 l Branntwein enthält etwa 3–4 g Methanol.

Zusätzlich entsteht Methanol durch die Zersetzung von Lignin, also Holz. Methylalkohol wurde früher sogar Holzgeist genannt. Daher sollte man immer nur die Früchte vergären und keine Stiele bzw. andere verholzte Teile in die Maische geben.

Pektintest

Treten beim fertigen Wein noch hartnäckige Trübungen auf, kann das auch am Pektin liegen, welches verhindert, dass sich Trubstoffe am Boden absetzen. Durch einfache Tests kann man feststellen, ob noch Pektin im Wein enthalten ist. Verrührt man etwas Wein mit der vierfachen Menge Methanol oder Spiritus, bildet sich, wenn Pektin vorhanden ist – meist schon innerhalb weniger Sekunden – eine geleeartige Masse.

Ein anderer Nachweis erfolgt durch Zusatz einer Ethanol-Salzsäure-Mischung (95 Prozent Ethanol, 5 Prozent Salzsäure). 5 ml Wein vermischt man mit 10 ml dieser Lösung, schüttelt stark und schaut dabei auf die Uhr. Wenn sich innerhalb einer Minute keine Flocken gebildet haben, ist im Wein kein Pektin mehr enthalten. Sollte noch Pektin festgestellt werden, kann man nachträglich noch Antigel dazugeben.

ENTSAFTUNG

Will man statt einer Maische- eine Saftgärung durchführen, sind bis zur Vergärung noch einige Arbeitsschritte notwendig. Im Folgenden werden die verschiedenen Entsaftungsmethoden beschrieben.

Die Saftgewinnung ist ein Trennvorgang, bei dem die flüssige Phase weitgehend von der festen (Zellgewebe, Schale etc.) getrennt wird. Die Menge der dann noch im Saft verbleibenden Trubstoffe ist relativ gering. Der Hauptanteil der Feststoffe bleibt als Pressrückstand oder Trester zurück.

Gefrorene rote Johannisbeeren © C. Narzt

Entsaftungsmethoden

Normalerweise erfolgt die Saftgewinnung durch Pressen der Fruchtmaische. Verschiedene Vorbehandlungen der Maische erleichtern das Pressen und erhöhen die Saftausbeute.

Eine dieser Methoden ist die zuvor schon erwähnte enzymatische Vorbehandlung mit Antigel.

Handpresse

Die mit Antigel behandelte Maische wird nach der angegebenen Einwirkzeit in einen Nylonsack oder in ein Leinentuch eingefüllt und dann mit der Hand ausgepresst.

Frostentsaften mittels Gefrierbeutel bzw. Sieb

Eine weitere Art der Saftgewinnung ist das Frostentsaften, welches sich besonders gut für Beerenobst eignet. Die Erhöhung der Saftausbeute beruht hier auf einem physikalischen Phänomen. Das in den Zellen enthaltene Wasser gefriert zu spitzen Eiskristallen, welche die Zellstrukturen und Zellwände mechanisch zerstören. Tauen die Früchte dann auf, sind sie schon so weit aufgeschlossen, dass ein großer Teil des Saftes sofort abfließt. Man friert die Früchte am besten in Gefrierbeuteln von 1 l Inhalt ein. Vor dem Auftauen durchlöchert man den Boden des Beutels oder füllt die Früchte in ein feinmaschiges Sieb, sodass der Saft sofort abfließen kann. Die restlichen festen Bestandteile kann man dann noch wie oben beschrieben mit der Hand auspressen.

TIPP! Früchte einfrieren

Durch vorheriges Einfrieren des verwendeten Obstes kann man die Saftausbeute von Früchten erhöhen.

Auch Obst, dessen Saftausbeute nach dem Auftauen allein noch nicht so groß ist, kann man ruhig einfrieren, da die Früchte zumindest weich werden und sich besser verarbeiten lassen. Erfordert ein hoher Pektingehalt zusätzlich noch eine Behandlung mit Antigel, sollte diese erst nach vollständigem Auftauen erfolgen, da das Enzym sonst unwirksam ist.

Durch Erwärmen des Fruchtbreies lässt sich auch die Saftgewinnung erleichtern. Allerdings wird man diese relativ aufwendige Methode nur bei Früchten anwenden, die ohnehin erhitzt werden müssen, um schädliche Inhaltsstoffe abzubauen, wie z. B. bei Holunderbeeren.

Korbpresse

Früchte, deren Pektingehalt nicht so hoch ist, wie z. B. Birnen oder Kirschen, kann man ohne Vorbehandlung, ebenso wie die vorbehandelten Früchte, kalt abpressen.

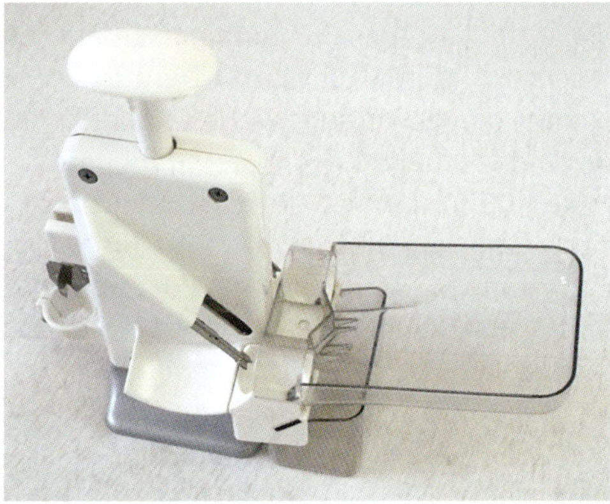

Doppel-Kirschentkerner © C. Narzt

TIPP! Kirschentkernung

Für Kirschen gibt es eigene händische Entkernapparate (siehe Foto). Vor allem bei reiferen, weichen Früchten funktionieren solche Gerätschaften durch kurzes Einfrieren der Früchte deutlich besser.

Dazu verwendet man Korbpressen, die mit unterschiedlich großem Fassungsvermögen ab 4 l erhältlich sind. Sie bestehen aus emailliertem Metall. Die Presskörbe der größeren Modelle können auch aus Holz sein. Das Pressverfahren mit der Korbpresse entspricht der klassischen Entsaftungsmethode. Die Früchte werden zunächst mit der Obstmühle (lohnt sich nur bei Verarbeitung sehr großer Mengen) oder mit der Hand zerkleinert. Die Größe der auszupressenden Fruchtstücke beeinflusst die Menge des gewonnenen Saftes. Es empfiehlt sich aber nicht, das Obst zu stark zu zerkleinern, da dann der „Museffekt“ eine optimale Saftausbeute verhindert.

Die Fruchtstücke werden in einen Sack aus Nylongewebe gefüllt. Das Drucksystem besteht aus einer Platte, die genau in den Korb eingepasst ist und mit Hilfe einer Drehspindel nach unten bewegt wird. Je kleiner die Gewindehöhe des Schraubengewindes ist, desto höher kann der auf die Früchte einwirkende Pressdruck sein. Der ausgepresste Saft tritt durch die löchrigen Seitenwände des Presskorbes nach außen, sammelt sich in einer Auffangschale und fließt durch die dafür vorgesehene Leitung ab. Als Spritzschutz wird eine Kunststoffmanschette über den Presskorb gestülpt.

Je weniger Fruchtmaische in den Korb gefüllt wird, umso mehr Saft lässt sich aus einer bestimmten Fruchtmenge auspressen. Die Erfahrung lehrt, wie viel Fruchtmaische man einfüllen soll, um möglichst viel Saft zu erhalten, ohne dass man die Presse allzu häufig neu beschicken muss. Weiterhin hängt die Saftausbeute von der Geschwindigkeit ab, mit der der Pressdruck erhöht wird. Das mechanische Zerstören des Gewebes und der Austritt des Saftes nach außen erfordern eine gewisse Zeit, sodass man den Druck möglichst langsam erhöhen sollte.

Abgesehen von der Art und Weise der Maischevorbehandlung und des Pressvorgangs beeinflussen natürlich auch die Fruchtart und der Reifegrad die Saftausbeute.

Bei Früchten mit geringem Pektingehalt kann man zum Entsaften eine Korbpresse verwenden. © G. Lehari

Mit einer elektrischen Saftzentrifuge, also einem handelsüblichen Entsafter, kann man kleine Mengen an Früchten entsaften (ist bei größeren Mengen nicht zu empfehlen, da Maschinendefekt droht!). © G. Lehari

Elektrische Saftzentrifuge

Verarbeitet man nur kleinere Mengen an Früchten, kann man diese auch mit haushaltsüblichen, elektrisch betriebenen Saftzentrifugen entsaften. Hierbei wird das Fruchtgewebe mechanisch zerstört und der Saft durch die Zentrifugalkraft nach außen gedrückt. Der Vorteil liegt in der kontinuierlichen Funktionsweise, wobei laufend der Saft vom Trester getrennt abgegeben wird.

Allerdings verstopfen die Poren der saftdurchlässigen, rotierenden Scheibe ziemlich schnell, sodass man bei der Verarbeitung größerer Mengen mehr damit beschäftigt ist, das Gerät zu demontieren und zu reinigen, als die Früchte zu entsaften. Des Weiteren sind einfachere Maschinen für eine Dauerbelastung nicht ausgelegt und werden rasch defekt.

Elektrische Zitruspresse

Bei der Verwendung von elektrischen Zitruspressen steht man vor einem ähnlichen Problem. Man braucht zwar diese Geräte nicht auseinanderzunehmen, muss sie aber unter Umständen von Zeit zu Zeit abkühlen lassen, da auch deren Motoren nur für die Verarbeitung von haushaltsüblichen Mengen ausgelegt sind. Trotzdem ist die Verwendung solcher Zitruspressen bei der Bereitung von Wein aus Zitrusfrüchten zu empfehlen. Die Saftausbeute ist optimal, da genügend Fruchtfleisch in den Saft gelangt, die Bitterstoffe enthaltenden weißen Häutchen jedoch nicht.

Zitrusfrüchte werden am besten mit einer elektrischen Zitruspresse entsaftet. © G. Lehari

Dampfentsaftung

Bei der Dampfentsaftung wird der Saft vom Fruchtfleisch durch Dampfeinwirkung getrennt. Der austretende Saft ist durch die Hitzeeinwirkung keimfrei geworden und kann – sofort in sterile Flaschen abgefüllt und verschlossen – jahrelang haltbar bleiben. Für den Weinbereiter bringt diese Methode allerdings einige Nachteile mit sich. Durch die Erhitzung werden außer den schädlichen Mikroorganismen auch verschiedene Inhaltsstoffe zerstört, die das Aroma verbessern und die Gärung fördern würden. Auch die fruchteigenen pektinabbauenden Enzyme werden hierbei inaktiviert, sodass sich der Wein schlechter klärt als der von kalt abgepressten Früchten. Zu empfehlen ist diese Methode fast ausschließlich für Holunderbeeren, da diese sowieso auf 85 °C erhitzt werden müssen, um den Saft genießbar zu machen.

Aufbau eines Dampfentsafters © WMF

Mazerieren (Auslaugen)

Bisher war nur von Saftgewinnung aus Früchten die Rede. Was tut man aber, wenn man Wein aus Trockenfrüchten, Getreide oder Blütenblättern, die ja keinen Saft enthalten, herstellen will? Hier erfolgt eine Art

Saftgewinnung durch Mazerieren. Diese Methode beruht auf der Auslösung wasserlöslicher Stoffe aus dem Pflanzengut mittels Wasser; ähnlich der Zubereitung von Tee. In der Praxis sieht das dann folgendermaßen aus: Die zerkleinerten Rohstoffe, wie Hagebutten, Rosinen oder Blütenblätter, werden heiß überbrüht. Nach dem Abkühlen wird ein normaler Weinansatz gemacht und ein bis zwei Wochen lang eine Art Maischegärung durchgeführt. Danach presst man die festen Bestandteile ab und verfährt weiter wie bei einer normalen Saftgärung. Die Farb- und Aromastoffe sind nach dieser Zeit in der Flüssigkeit gelöst.

HINWEIS! Auslaugen

Mazerieren ist notwendig, wenn Wein aus trockenen Früchten, Getreide oder Blütenblättern hergestellt werden soll.

DER WEINANSATZ

Hat man die Früchte zu Saft oder Maische verarbeitet, bedarf es noch einiger Messungen und Zusätze, bis die alkoholproduzierende Gärung beginnen kann.

Zunächst füllt man Saft oder Maische in ein Gärgefäß, dessen Größe so gewählt wird, dass während der Gärung mindestens ein Drittel (bei Maischegärung) bzw. ein Viertel (bei Saftgärung) frei bleibt.

Gärgefäße

Der Hobbywinzer kann zwischen verschiedenen Gärgefäßen aus unterschiedlichen Materialien wählen.

TIPP! Auf die Größe achten

Um ein Übergehen zu vermeiden, dürfen Gärgefäße anfangs nie ganz befüllt werden. Daher sind für den Weinansatz größere Gefäße notwendig als später.

Holzfässer

Das klassische Weingärgefäß, das Holzfass, ist dem Hausweinbereiter nicht zu empfehlen. Holz „arbeitet“, das heißt, das Fass kann leicht undicht werden; zumindest lässt es aber kontinuierlich Flüssigkeit verdunsten. Durch Abgabe aromabeeinflussender Stoffe an das Gärgut kann der Wein im Geschmack verändert werden. Das größte Problem stellt die Reinigung und Instandhaltung der leeren Fässer dar. In den Poren des Holzes können sich Stoffe und Mikroorganismen ablagern, die sehr schwer zu entfernen sind. Um das Holzfass sauber und keimfrei zu halten und dadurch Pilz- und Bakterienbefall zu vermeiden, muss es bei Nichtbenutzung alle ein bis zwei Monate ausgeschwefelt werden, was am besten mittels Abbrennen so genannter Schwefelschnitten erfolgt, da das gasförmige Schwefeldioxid in jede Pore dringt. Bevor man das Fass dann wieder benutzen kann, muss es gründlich gewässert werden, damit nicht zu viel schweflige Säure in Lösung geht. Will der Hausweinbereiter nicht auf die Verwendung eines Eichenfässchens verzichten, sollte er es nur zur Lagerung eines fertigen Weines verwenden, wenn dieser den typischen, durch das Holz verursachten geschmacklichen und farblichen Veränderungen ausgesetzt werden soll. Dabei ist – wie bei allen Gefäßen – zu beachten, das Fass immer voll zu halten.

Gläserne Gärgefäße

Am besten haben sich bisher Gärgefäße aus Glas bewährt. Gläserne Gärballons sind in den Größen 5, 10, 15, 20, 25, 34 und 54 Liter erhältlich und werden meistens mit einem Tragekorb aus Kunststoff geliefert. Will man nur eine kleine Menge unter 5 Liter als Probe ansetzen, eignen sich auch gut die 5-Liter-Flaschen, in denen man beispielsweise italienischen Rotwein kaufen kann.

Glas lässt sich normalerweise leicht mit heißem Wasser reinigen. Hartnäckiger Schmutz sollte durch Einweichen mit entsprechenden Zusätzen (Spülmittel, Ätznatron, Essigsäure) und Verwendung einer biegsamen Flaschenbürste entfernt werden. Auch Mittel, die in Geschirrspülern eingesetzt werden, sind gut geeignet.

TIPP! Gründliche Reinigung

Durch die Verwendung von Geschirrspüler-Tabs und warmem Wasser können auch hartnäckige Verschmutzungen in Gärballons mit etwas Einwirkzeit einfach entfernt werden.

Man sollte aufpassen, dass man die Ballons nicht zu plötzlich hohen Temperaturunterschieden (heißes und kaltes Wasser) aussetzt, da sie sonst platzen können. Ebenso erfordert das Material wegen der Bruchgefahr natürlich vorsichtige Behandlung. Da Glas keine Fremdstoffe aufnimmt und daher immer geruchs- und geschmacksneutral bleibt, eignet es sich am besten für die Weinbereitung und auch die längerfristige

Größere Gärballons sollten immer in ihrem Tragekorb stehen, damit sie auch im befüllten Zustand transportiert werden können. Grünes Glas ist besonders für dunkle Weine geeignet.
© G. Lehari

Glasballon in Kunststofftragekorb mit Silikonstopfen und Gärspund
© C. Narzt

Lagerung. Ein weiterer Vorteil von Glasballons ist, dass man den Gärvorgang gut von außen beobachten kann.

HINWEIS! Glas-Ballons empfehlenswert

Gärballons aus Glas gibt es in verschiedenen Größen und haben sich gut bewährt.

Kunststofffässer

Immer häufiger kommen auch Gärgefäße aus Kunststoff zum Einsatz. Sie sind leichter, weniger zerbrechlich und einfacher zu transportieren. Besonders für Hobbywinzer, die größere Mengen an Wein produzieren möchten, bietet sich die Verwendung von Kunststofffässern an, da es sie in Größen von 80–300 l gibt. Da man Gefäße dieser Größenordnung im gefüllten Zustand nicht mehr transportieren kann, sollten sie von vornherein auf einem erhöhten Platz aufgestellt werden. Der Wein kann dann später nicht nur mit einem Schlauch abgelassen, sondern auch durch einen Ablaufhahn, der sich wenige Zentimeter über dem Gefäßboden befindet, abgezapft werden. Der Trub bleibt im Fass zurück. Obwohl Kunststoff weniger empfindlich als Glas ist, ist auch bei großen Plastikfässern Vorsicht geboten. In gefülltem Zustand können sie bei unsachgemäßer Behandlung ebenso platzen oder undicht werden.

Interessant ist auch die Kombination von Glas und Kunststoffbehältern im Hobbyweinkeller. Die stürmische Gärung erfolgt zum Beispiel im Kunststoffbehälter, der sich dann leichter reinigen lässt, und anschließend wird in einen Glasballon für die Reifung spundvoll umgefüllt.

Bitte verwenden Sie ausschließlich für diesen Zweck produzierte Gärgefäße aus lebensmittelechtem Kunststoff. In Mitteleuropa ist hier die Firma Speidel der eindeutige Platzhirsch.

Schwefeln

Schwefel – konkret Kaliumpyrosulfit – ist eine der wichtigsten Zutaten bei der Weinzubereitung. Über den Zeitpunkt des Einsatzes kann man unterschiedlicher Meinung sein, aber ganz weglassen ist nur erfahrenen Winzern vorbehalten und erzeugt typischerweise Weine, welche nur für kurze Zeit stabil und trinkbar bleiben.

Kunststoffbehälter gibt es in unterschiedlichen Größen.
© Speidel Tank- und Behälterbau GmbH

Man kann vor allem als Anfänger gleich nach der Verarbeitung der Früchte den Saft bzw. die Maische schwefeln. Dies erfolgt mit schwefliger Säure, einem unentbehrlichen Hilfsmittel für jeden Weinbereiter. Schweflige Säure ist die wässrige Lösung des stechend riechenden, farblosen Gases Schwefeldioxid. Obwohl gerade heute die Anhänger der „biologischen" oder naturreinen Produkte der Schwefelung von Wein sehr kritisch gegenüberstehen, lässt sich auf die mikrobizide und anti-oxidative Wirkung nicht verzichten, es sei denn, man arbeitet völlig keimfrei, was unter normalen Umständen nicht möglich ist.

Übrigens gibt es keine „schwefelfreien Weine", da bei der Gärung Schwefelverbindungen entstehen, es kann daher maximal „Weine ohne Schwefelzusatz" geben.

Entgegen der früher üblichen Meinung weiß man heutzutage, dass Kopfschmerzen nach dem Genuss von Wein nur sehr selten auf den darin enthaltenen Schwefel zurückzuführen sind. Es gibt Sulfit-Allergiker, welche auf Schwefel generell besonders empfindlich reagieren und auch bei gewissen Nahrungsmitteln, wie z. B. Trockenfrüchten, aufpassen müssen. Aber die in Weinen eingesetzten gesetzlich geregelten Mengen sind in der Regel unbedenklich. Der Hobbywinzer kommt normalerweise ohnehin mit wesentlich geringeren Mengen aus, als vom Gesetzgeber erlaubt sind.

Jeder Wein, der geschwefelt wurde, muss den Allergie-Hinweis „enthält Sulfite" bzw. „enthält Schwefel" verpflichtend am Etikett ausweisen, wenn der Wein verkauft wird. Das gilt auch für Fruchtweine.

Als Gas oder in flüssiger Form muss man die schweflige Säure sehr vorsichtig handhaben, da das entweichende Schwefeldioxid, wie erwähnt, einen sehr stechenden Geruch aufweist, die Schleimhäute angreift und einen Hustenreiz auslöst.

Gasförmiges Schwefeldioxid wird heute nur noch bei der Ausschwefelung von Holzfässern eingesetzt. Durch die Verbrennung sogenannter Schwefelschnitten wird Schwefeldioxid freigesetzt, welches das Gefäß sauerstoff- und keimfrei macht. Ein Teil des sich im Holz festgesetzten Sulfits löst sich dann in dem eingefüllten Wein. Um das Weinfass ständig einigermaßen steril zu halten, muss diese Schwefelung regelmäßig wiederholt werden. Die allmähliche Anreicherung des Sulfits in der Gefäßwand erfordert wiederum eine mehrtägige Wässerung des Behälters, bevor der neue Wein eingefüllt wird, damit nicht zu viel schweflige Säure in Lösung geht.

Gärballons gibt es heutzutage fast ausschließlich aus weißem Glas. © G. Lehari

Trotz dieser der Verlängerung der Haltbarkeit dienenden Maßnahmen sollte ein im Fass aufbewahrter Wein innerhalb eines Jahres verzehrt werden, da durch die ständige Berührung mit der Luft verschiedene Bestandteile des Weines Oxidationsprozessen unterworfen sind, sodass keine längere Haltbarkeit gewährleistet werden kann.

HINWEIS! Haltbarkeit

Ein im Fass aufbewahrter Wein sollte innerhalb eines Jahres verbraucht werden.

Obwohl man im Handel 6-prozentige Lösungen von schwefliger Säure erhält, wird der Hobbyweinbereiter immer auf die Verwendung von Kaliumpyrosulfit (Kaliumdisulfit) zurückgreifen. Ein anderer Name ist Kaliummetabisulfit oder das Kürzel E224.

Dieses weiße Pulver gibt es in verschiedenen Darreichungsformen: gepresst als Tabletten à 1 g in Packungen mit je 10 Tabletten oder als loses Pulver in Tüten à 10 g in Gebinden mit je 10 Tüten.

Bereitet man nicht nur sehr geringe Mengen Wein und besitzt man eine hinreichend genaue Waage, empfiehlt es sich auf alle Fälle, die größeren Packungen mit dem losen Pulver zu kaufen, da diese deutlich preiswerter sind als die Schwefeltabletten.

TIPP! Kaliumpyrosulfit zum Schwefeln

Zum Schwefeln ist Kaliumpyrosulfit zu verwenden. Dies verhindert das Braunwerden der Maische und auch den „Luftgeschmack", den man nur beim Sherry will.

Kaliumpyrosulfit enthält etwa 50 Prozent Schwefeldioxid, welches in leicht saurer Lösung schweflige Säure bildet. Die meisten Mikroorganismen sind empfindlich gegen schweflige Säure und werden von ihr abgetötet. Darauf beruht die sterilisierende Wirkung. Auch beim späteren Abfüllen und Verkorken der Flaschen benötigt man schweflige Säure als Desinfektionsmittel (siehe Abfüllung).

Der Zusatz von schwefliger Säure zum Saft oder zur Maische bewirkt zweierlei. Einerseits drängt die schweflige Säure unerwünschte Mikroorganismen zurück, sodass sich die sulfittoleranten Reinzuchthefen, die wir später für die Gärung zusetzen, ungehindert vermehren können. Andererseits verhindert sie aufgrund ihrer antioxidativen Wirkung die Braunfärbung der Früchte oder des Saftes. Diese Braunfärbung tritt besonders häufig bei geschälten oder zerkleinerten Äpfeln oder Birnen meistens schon innerhalb weniger Minuten auf.

Die Verfärbung des Fruchtfleisches beruht auf der Wirkung eines bestimmten Enzyms, der Phenoloxidase, das in Gegenwart von Luftsauerstoff eine chemische Reaktion katalysiert, bei der Melanin entsteht, ein brauner Farbstoff, der auch in den Pigmenten von Haaren und Haut vorhanden ist.

Die schweflige Säure wirkt reduzierend, das heißt, sie fängt den Luftsauerstoff ab, sodass die von dem Enzym katalysierte Oxidation nicht mehr stattfinden kann. Allerdings vollzieht sich diese Reaktion bei der Verarbeitung der Früchte häufig so schnell, dass eine Braunfärbung schon stattgefunden hat, bevor man die Maische oder den Saft schwefeln kann.

Dennoch sollte man die schweflige Säure zusetzen, da diese auch in der Lage ist, die Bräunungsreaktion rückgängig zu machen, indem sie den braunen Farbstoff Melanin durch Reduktion, also durch Entzug von Sauerstoff, wieder zersetzt. Man sollte sich also nicht wundern, wenn sich der braun gewordene Saft nach Zugabe der schwefligen Säure innerhalb kürzester Zeit wieder entfärbt.

Eine alternative, aber aufwendigere Methode, die Braunfärbung zu vermeiden, ist eine Kurzzeiterhitzung der Maische oder des Saftes, durch welche die Phenoloxidasen inaktiviert werden. Allerdings ist dann ein anhaltender Oxidationsschutz vor eventuell später eingeschleppten Enzymen nicht vorhanden.

Die schweflige Säure verhindert nicht nur langfristig eine farbliche Veränderung des Weines, sondern auch eine geschmackliche. Sie bindet den bei der alkoholischen Gärung entstehenden Acetaldehyd, der für das Auftreten des sogenannten Oxidations- oder Luftgeschmackes, der nur beim Sherry erwünscht ist, verantwortlich ist.

Die an den Acetaldehyd gebundene schweflige Säure ist verbraucht, sie steht also für andere Funktionen nicht mehr zur Verfügung. Daher sollte man regelmäßig den Gehalt an freier schwefliger Säure im Wein kontrollieren. Wie, das wird später noch beschrieben.

Je nach Qualität und Sauberkeit der verwendeten Früchte sollte man vor und nach der Gärung und eventuell vor der Flaschenabfüllung mit 0,25–0,5 g Schwefeldioxid pro 10 l Wein (entspricht der doppelten Menge an Kaliumpyrosulfit) schwefeln. Bei der Flaschenabfüllung sollten im Wein maximal 0,25 g freie schweflige Säure pro 10 l vorhanden sein. Der Gehalt an gesamter, also auch an gebundener schwefliger Säure sollte 1,5 g pro 10 l nicht überschreiten.

Schwefelung

Kaliumpyrosulfit (g/10 l)	Ergibt schweflige Säure (g/10 l)	Intensität
0,5	0,25	schwach
1,0	0,5	mittel
1,5	0,75	stark
2,0	1,0	sehr stark

Schwefelprobe (Rahnprobe)

Ein einfacher, leicht durchzuführender Test, ob man genügend geschwefelt hat, ist die **Rahnprobe**, die sich allerdings nur für hellfarbene Weine eignet. Man lässt ein Glas Fruchtwein offen an der Luft stehen. Ist der Gehalt an freier schwefliger Säure zu gering, tritt schon nach wenigen Stunden eine Braunfärbung auf.

Zur exakten Bestimmung der im Wein enthaltenen Menge an schwefliger Säure empfiehlt sich die Verwendung eines **Titriergerätes**. Mit einer Titration kann man bestimmte Säuren durch entsprechende Lösungen neutralisieren, was durch den Farbumschlag eines zugesetzten Indikators sichtbar gemacht wird. Anhand der Menge der verbrauchten neutralisierenden Lösungen kann man dann die Konzentration der Säuren ermitteln.

Titriergeräte

Für den Hobbywinzer gibt es Titriergeräte, mit denen man die Konzentrationen der gesamten schwefligen Säure, der freien schwefligen Säure und der Gesamtsäure bestimmen kann. Die Einstellung der richtigen Gesamtsäurekonzentration ist wichtig für einen abgerundeten Geschmack, wie später noch näher erläutert wird. Auf den Fotos unten und auf S. 34 ist ein Titrovin-Gerät zu sehen, welches für die wichtigsten Messungen von Säure und Schwefel (gesamt und frei) verwendet wird. So ein Gerät ist jedem ambitionierten Hobbywinzer zu empfehlen.

HINWEIS! Titration

Mit sogenannten Titriergeräten bestimmt man die im Wein enthaltenen Säuren und den Schwefelgehalt.

Die Durchführung der einzelnen Messungen ist in der Betriebsanleitung der Titriergeräte genau beschrieben.

Schweflige Säure wirkt aber nicht nur reduzierend, sondern auch oxidierend. Die oxidierende Wirkung macht man sich zunutze, um den „Böckserton", einen Weinfehler, bei dem der Fruchtwein nach Schwefelwasserstoff (faule Eier!) riecht und schmeckt, zu beseitigen. Der dabei entstehende elementare Schwefel setzt sich mit dem Trub ab (vgl. Kapitel Weinkrankheiten, ab S. 77).

Der Zusatz von Thiamin (Vitamin B1) zum Weinansatz ist eine Möglichkeit für den Hobbyweinbereiter, schweflige Säure einzusparen. Seit 1980 ist die Verwendung von Thiamin bei der Weinbereitung zugelassen. Diese Substanz erleichtert die Angärung und trägt dazu bei, dass während der Gärung nicht so viele Stoffe gebildet werden, die später die schweflige Säure abbauen. Durch die Zugabe von Vitamin B1 lassen sich bis zu 50 Prozent schweflige Säure einsparen. Thiamin, welches in allen Organismen eine wichtige Rolle als Hilfssubstanz im Stoffwechsel spielt, wird von den Hefezellen besonders während der Gärung in großen Mengen produziert. Im Fachhandel ist diese Substanz als Pulver oder in Tablettenform erhältlich.

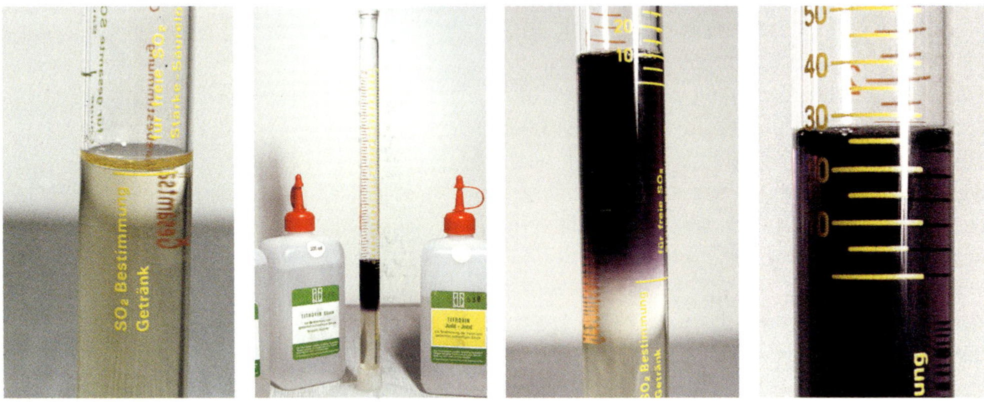

Bestimmung der gesamten schwefligen Säure (v. l. n. r.) © G. Lehari

Schritt 1: **Der Wein wird bis zur unteren gelben Markierung in den Zylinder gefüllt.**

Schritt 2: **Lauge (grüne Strichmarke), dann Säure (Nullmarke, gelbe Skala) zusetzen und vermischen. Dann mit Jodid-Jodat titrieren, bis eine Blaufärbung eintritt.**

Schritt 3: **Die Blaufärbung beginnt in den oberen Schichten. Nach dem Durchmischen verschwindet sie zunächst wieder.**

Schritt 4: **Bleibt die Blaufärbung, wird der Wert für die gesamte schweflige Säure an der Skala abgelesen.**

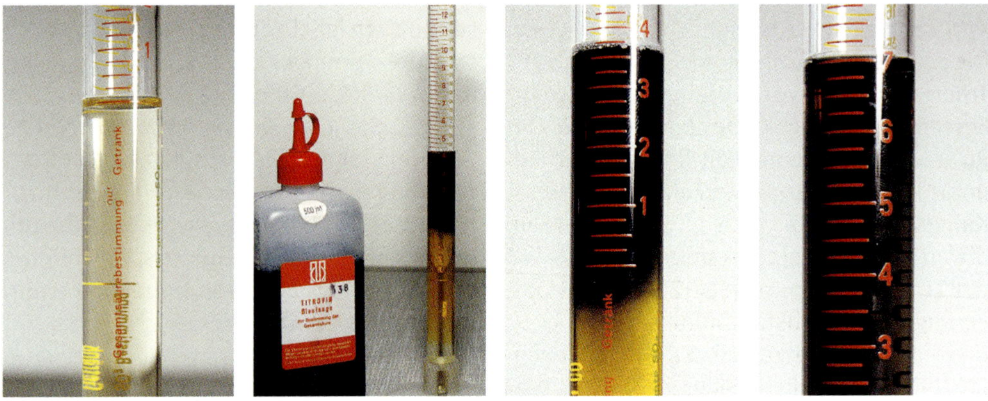

Bestimmung der Gesamtsäure mit dem Titrovin-Gerät (v. l. n. r.) © G. Lehari

Schritt 1: Der Wein wird bis zur Nullmarke der roten Skala eingefüllt.

Schritt 2: Dann wird mit Blaulauge titriert.

Schritt 3: Die Blaufärbung beginnt in den oberen Schichten. Nach dem Durchmischen verschwindet sie zunächst wieder.

Schritt 4: Bleibt die Blaufärbung erhalten, wird der Wert für die Gesamtsäure an der Skala abgelesen.

Säure

Wie schon zuvor erwähnt, muss man auch die Menge der Gesamtsäure des Weinansatzes bestimmen und eventuell durch Säurezugabe korrigieren. Die Gesamtsäure setzt sich aus unterschiedlichen Säuren zusammen, die neben dem Geschmack auch die Haltbarkeit und Bekömmlichkeit der Fruchtweine beeinflussen. Eine erste Säurezugabe sollte bei säurearmem Obst gleich zu Beginn des Weinansatzes erfolgen, um so die Maische vor Mikroorganismen zu schützen, die bei einem pH-Wert von über 3,5 aktiv werden.

Die meisten der im Saft bzw. Wein vorkommenden Fruchtsäuren werden während der Nachgärung oder Lagerung einem chemischen Umwandlungsprozess unterworfen, sodass sich im Laufe der Zeit die Säurepalette verändert. Die häufigsten dieser Säuren sind Weinsäure, Oxalsäure, Zitronensäure und Apfelsäure.

HINWEIS! Säure

Die Gesamtsäure beeinflusst Geschmack und Haltbarkeit; das Säurespektrum des Weines unterliegt im Laufe der Zeit Veränderungen.

© G. Lehari

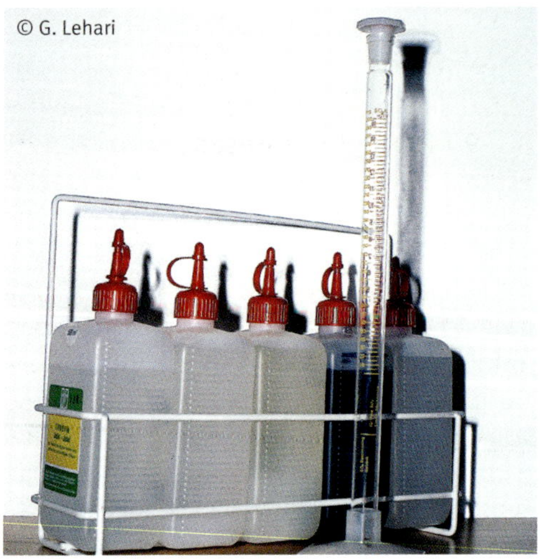

Das Titrovin-Gerät wird für verschiedene Messungen verwendet. Es besteht aus einem Messzylinder und den Reagenzien Lauge, Säure, Stärke-Säure-Lösung, Blaulauge sowie Jodid-Jodat-Lösung.

Weinsäure

Die Weinsäure kommt ausschließlich in Traubenweinen vor, spielt also für den Fruchtweinbereiter keine allzu bedeutende Rolle. Die Weinsäure fällt häufig während und nach der Gärung in Form des Salzes Kaliumhydrogentartrat aus. Das Absetzen dieser als Weinstein bekannten Kristalle ist ein Zeichen für gute Qualität, obwohl Unkundige diese Substanz mitunter als Zucker deuten. Das Absetzen von Zuckerkristallen im Wein ist natürlich völlig unmöglich.

Oxalsäure

Rhabarber enthält Oxalsäure, die den größten Anteil der Gesamtsäure dieser Pflanze ausmacht. Oxalsäure wirkt in größeren Mengen giftig und gilt schon in kleinen Mengen als unbekömmlich. Daher muss bei der Rhabarberweinbereitung die Oxalsäure entfernt werden. Dies geschieht am besten durch den Zusatz von Kalziumkarbonat, welches die Oxalsäure unschädlich macht, indem es sich mit ihr zu einem unlöslichen, weißen Salz verbindet, das sich mit dem Trub absetzt.

Apfelsäure

Apfelsäure macht in Apfel- und Birnenwein 80–90 Prozent der Gesamtsäure aus. In Aprikosen liegt der Anteil bei 70 Prozent. Da Apfelsäure von Hefen und besonders von Bakterien zu Milchsäure und Kohlendioxid abgebaut werden kann, sind Weine mit einem hohen Apfelsäuregehalt besonders anfällig für den biologischen Säureabbau. Da dieser Abbau (die Milchsäuregärung) von einer Kohlendioxidproduktion begleitet wird, kann man ihn leicht für eine Nachgärung halten. In diesem Fall sollte man das Mostgewicht bestimmen. Ist kein Restzucker mehr vorhanden, handelt es sich um Milchsäuregärung. Verursacht wird diese Gärung von Milchsäurebakterien, die durch Verunreinigungen eingeschleppt werden und sich besonders nach dem Abschluss der alkoholischen Gärung vermehren, wenn der Wein längere Zeit auf den abgestorbenen Hefezellen liegt. Die sich auflösenden Hefezellen geben bestimmte Substanzen in den Wein ab, die den Milchsäurebakterien als Hauptnährstoffquelle dienen. Die beteiligten Bakterien sind vorwiegend Leuconostoc- und Lactobacillus-Arten. Die lebensmitteltechnische Bedeutung dieser Milchsäurebakterien besteht darin, aus Milch und Gemüse haltbare Produkte, wie Joghurt und Kefir bzw. Sauerkraut und andere Sauerkonserven, herzustellen.

Milchsäure

Milchsäure kommt in Früchten und Säften nicht vor. Der Fruchtweinbereiter benutzt die im Handel erhältliche 80-prozentige Milchsäure, um den Gesamtsäuregehalt des Weines einzustellen. Da die Milchsäure keiner weiteren chemischen Umwandlung unterworfen ist, kann durch deren Zusatz der Gesamtsäuregehalt konstant gehalten werden.

HINWEIS! Gesamtsäuregehalt

Bei der Weinbereitung wird mit Milchsäure oder Zitronensäure der Gesamtsäuregehalt eingestellt.

Zitronensäure

Zitronensäure macht in Zitrusfrüchten und den meisten anderen für die Weinbereitung geeigneten Früchten den größten Anteil der Gesamtsäure aus. Sie ist ein in allen Organismen vorkommendes Zwischenprodukt des Stoffwechsels und kann – auch von den im Wein befindlichen Mikroorganismen – unter Freisetzung von Kohlendioxid abgebaut werden. Hierbei kann es aber vorkommen, dass der Wein später „flach“ schmeckt, da durch den Abbau der Zitronensäure zu wenig Gesamtsäure erhalten bleibt. Auch bei den viel Zitronensäure enthaltenden Fruchtsorten empfiehlt es sich, spätestens vor der Flaschenabfüllung die gewünschte Gesamtsäuremenge durch Zugabe von Milchsäure einzustellen. Die Säureabnahme durch den Abbau von Apfel- oder Zitronensäure kann 1–3 g/l betragen.

Es ist aber durchaus auch legitim, in der Fruchtweinerzeugung ausschließlich mit Zitronensäure zu arbeiten und die Weine bei der Abfüllung mit einem Tick zu viel Säure einzustellen, wenn man vor hat, diese nicht sofort zu konsumieren.

Bestimmung der Gesamtsäure

Die Bestimmung der Gesamtsäure erfolgt mit einem Acidometer oder mit dem noch für andere Messungen geeigneten Titriergerät. Acidometer gibt es sehr günstig im Handel. Dazu empfiehlt sich ein elektronisches pH-Meter, alternativ auch pH-Papierstreifen, um die Messung genauer durchführen zu können. Gerade bei dunklen Weinen ist der Farbumschlag schwer zu erkennen, was durch die Messung des pH-Wertes entfällt. Bei den pH-Metern gibt es viele unterschiedliche Modelle, auch spezielle für die Weinherstellung (siehe Fotos).

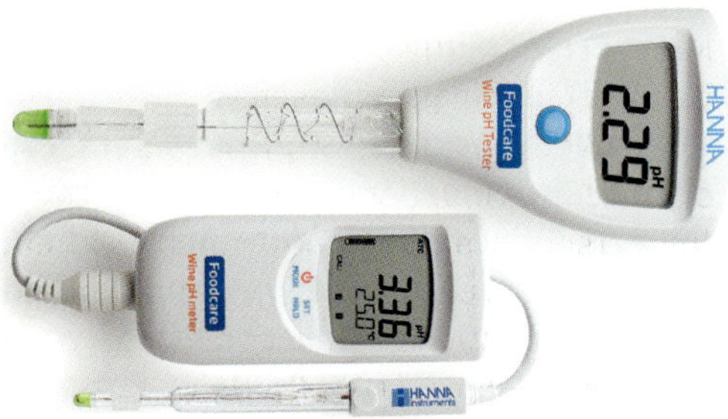

Ein pH-Messgerät hilft bei der Bestimmung der Säure während der Titration.
© Hanna Instruments GmbH

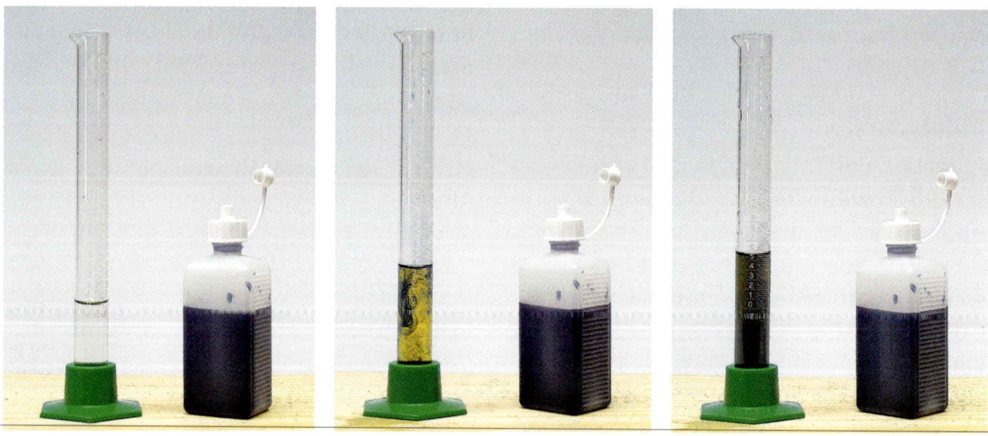

Bestimmung der Gesamtsäure mit dem Acidometer © G. Lehari

Schritt 1: **Der Wein wird bis zur Nullmarke des Standzylinders eingefüllt.**

Schritt 2: **Es wird mit Blaulauge titriert. Zunächst verschwindet noch die Blaufärbung.**

Schritt 3: **Bleibt die Blaufärbung auch nach dem Durchmischen erhalten, wird der Wert für die Gesamtsäure an der Skala abgelesen. Ein pH-Messgerät (Messung soll pH 7,0 zeigen) hilft hier, was vor allem bei dunklen Weinen wichtig ist.**

Das Acidometer besteht aus einem Glaszylinder mit einer speziellen Skala und einer Flasche Blaulauge. Es handelt sich um Natronlauge, welcher ein Indikator zugesetzt wurde, der beim Neutralpunkt, also bei pH 7, einen Farbumschlag von Blau nach Grün zeigt. Man sollte bei der Lauge auch auf das Haltbarkeitsdatum achten, da eine abgelaufene Lauge falsche – zu hohe – Säurewerte ergibt. In dem Messzylinder lässt sich dann anhand der zur Neutralisation benötigten Menge Natronlauge die Konzentration der Gesamtsäure in g/l ablesen.

Ein Wein mit über 9 g/l Gesamtsäure schmeckt sehr sauer und kann, besonders für Personen mit empfindlichem Magen, unverträglich sein. Unter 4 g/l sollte die Säuremenge auch nicht liegen, da der Wein sonst fade schmeckt. Außerdem ist erst bei dieser Konzentration die bakterizide Wirkung der Säure gewährleistet, die den Wein vor Bakterienkrankheiten schützen soll und somit länger haltbar macht.

HINWEIS! Auf die Gesamtsäure achten

Die richtige Gesamtsäure im Fruchtwein ist äußerst wichtig für den Geschmack. Säure schützt den Wein außerdem auch vor Krankheiten.

Zucker-Säure-Alkohol-Verhältnis

Ob ein Wein harmonisch schmeckt, hängt vor allem vom Zucker-Säure-Verhältnis ab.

Dazu kommt als dritter Parameter der Alkoholgehalt. Hier ergibt sich eine direkte Dreiecksbeziehung: Viel von einem erfordert viel vom anderen für ein harmonisches Verhältnis! Ein schwerer Wein mit über 13 Vol.-% Alkohol sollte also bei gleicher Säure mehr Restsüße enthalten als ein leichter Wein mit weniger Alkoholgehalt.

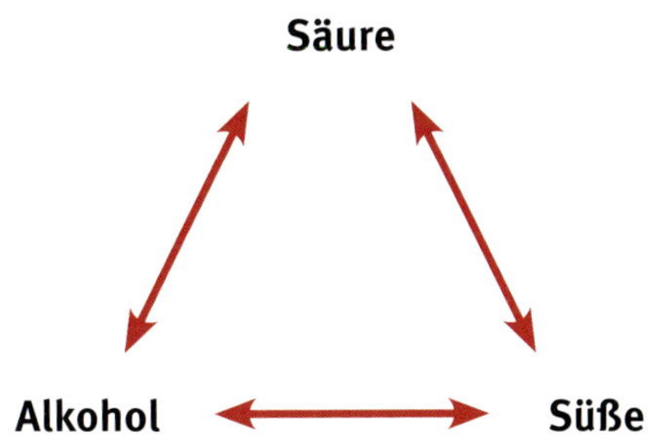

Das Verhältnis der drei Faktoren Säure, Alkohol und Süße bestimmt die Harmonie des Weins.

TIPP! Faustregel

Ein trockener Wein sollte 4,5–5,5 g/l, ein lieblicher Wein 5–6 g/l und ein sehr schwerer Wein, der lange lagern soll, 6–9 g/l Säure enthalten.

Die folgende Tabelle zeigt einander zugeordnete Zucker(Restsüße)- und Säurekonzentrationen, bei denen der Wein einen abgerundeten Geschmack besitzt. Die Angaben beziehen sich auf leichtere Weine mit 8 Vol.-% und schwerere mit 13 Vol.-% Alkohol.

Harmonische Restzucker-Säure-Verhältnisse

8 Vol.-% Alkohol		13 Vol.-% Alkohol	
Zucker (g/l)	Säure (g/l)	Zucker (g/l)	Säure (g/l)
0	4,5	0	4,5
2,5	5,0	10	5,0
5,0	5,5	20	5,5
7,5	6,0	30	6,0

8 Vol.-% Alkohol		13 Vol.-% Alkohol	
Zucker (g/l)	Säure (g/l)	Zucker (g/l)	Säure (g/l)
10,0	6,5	40	6,5
12,5	7,0	50	7,0
15,0	7,5	60	7,5
17,5	8,0	70	8,0
20,0	8,5	80	8,5
-	-	90	9,0
-	-	100	9,5

Säuregehalt reduzieren

Ist der Gesamtsäuregehalt eines Fruchtsaftes von vornherein zu hoch, gibt es zwei Möglichkeiten, den richtigen Säuregehalt einzustellen. Entweder man verdünnt den Saft mit einer entsprechenden Menge Wasser oder man setzt ein entsäuerndes Mittel zu, um die Säure abzufangen. Die einfachere und wohl am häufigsten praktizierte Methode ist das Verdünnen mit Wasser, da beim Weinansatz der Saft oder die Maische ohnehin mit Zuckerwasser versetzt wird. Vermischt man z. B. einen Liter Saft mit einem Säuregehalt von 14 g/l mit einem Liter Wasser, so sinkt die Konzentration der Gesamtsäure auf 7 g/l.

Die Neutralisation mit einem entsäuernden Mittel wie Kalziumkarbonat eignet sich im Prinzip nur für Weine, die Oxalsäure oder Weinsäure enthalten, da diese beiden Säuren mit dem Kalziumkarbonat unter Kohlendioxidfreisetzung ein unlösliches weißes Salz bilden, welches ausfällt und mit dem Trub entfernt werden kann. Die anderen Säuren werden zwar auch gebunden und somit neutralisiert, das entstandene Salz bleibt aber in Lösung und lässt sich nicht aus dem Wein entfernen. Es gibt auch Kombinationspräparate zum Entsäuern im Handel, welche ausgewogener entsäuern als reines Kalziumkarbonat.

Trotzdem sollten solche Mittel nur von erfahreneren Hobbywinzern und nur in geringen Mengen eingesetzt werden.

Achtung: Beim Einsatz eines Entsäuerungsmittels entsteht sehr viel CO^2 und Schaum!

TIPP! Säuregehalt vom Weinansatz kontrollieren

Besonders säurehaltige Fruchtmaischen (z. B. Rote Johannisbeeren) müssen für einen ausgewogenen Gesamtsäuregehalt ausreichend mit Wasser verdünnt werden.

Für den Weinansatz zu berücksichtigende Faktoren

Die Hauptbestandteile des Weinansatzes sind Wasser und Zucker. Mengenmäßig fallen die Fruchtsäuren, Aromastoffe und anderen Bestandteile kaum ins Gewicht.

Die enthaltenen Mengen der einzelnen Inhaltsstoffe von Obst, Gemüse und anderen Rohstoffen hängen von den klimatischen Bedingungen, der Lagerung und dem Reifezustand ab, weshalb es problematisch ist, allgemein gültige Rezepte für die Weinansätze zu geben. Die im zweiten Teil des Buches angeführten Rezepte basieren auf Durchschnittswerten, welche Konzentrationen an Inhaltsstoffen die einzelnen Früchte haben. Auch die Mengen der Inhaltsstoffe unterschiedlicher Sorten innerhalb einer Fruchtart können stark variieren.

WICHTIG! Inhaltsstoffe schwanken

Der Gehalt an Inhaltsstoffen des Obstes unterliegt großen Schwankungen. Eine individuelle Anpassung der Rezeptur – unterstützt durch Messungen – ist daher immer notwendig.

Der Zuckergehalt der Schwarzen Johannisbeere kann z. B. bei Werten von 70–140 g/l, der Wasseranteil von Brombeeren zwischen 77 und 88 Prozent und der Säuregehalt von Orangen von 5–20 g/l liegen. Alle hier angeführten Angaben gelten nur für reife Früchte. Unberücksichtigt bleiben unreife oder überreife Früchte, da diese völlig andere Werte aufweisen können. Um für jeden Weinansatz die optimale Zusammensetzung ermitteln zu können, ist es sinnvoll, die tatsächlichen Konzentrationen der Inhaltsstoffe des zu verarbeitenden Rohsaftes zu bestimmen und in Abhängigkeit der Messwerte das Rezept individuell zu erstellen. Besonders Hobbywinzer, die schon genügend Erfahrung mit vorgegebenen Rezepten gesammelt haben, werden dazu übergehen, für jeden Weinansatz die benötigte Menge an Wasser, Zucker und Säure selbst zu ermitteln.

Eine wichtige Methode hierbei ist die schrittweise Zugabe des Zuckers, wo anfangs z. B. nur die Hälfte des im Rezept aufgeführten Zuckers beigefügt wird und später nach sensorischer Ermittlung, wenn notwendig, weiterer Zucker hinzugefügt wird.

Will man eine Maischegärung durchführen, kann man die benötigten Werte zunächst nicht oder nur schwer bestimmen. Entweder verwendet man einen Saftauszug der Maische oder muss erst eine Maischegärung nach Rezept oder Erfahrungswerten ansetzen. Hat man dann nach ein bis zwei Wochen von der Maische abgezogen, kann man den Wasser-, Zucker-, Säure- und den bis dahin schon entstandenen Alkoholgehalt ermitteln und durch entsprechende Zusätze korrigieren.

Die Verdünnung des Rohsaftes

Wie stark der Saft für die Weinbereitung mit Wasser verdünnt werden kann, hängt von dem Säuregehalt, der Menge der Aromastoffe und anderer Substanzen im Fruchtrohsaft ab. Verschiedene Früchte weisen einen hohen Säuregehalt auf, der über den für Wein üblichen Grenzwerten liegt. Die Rote Johannisbeere hat z. B. einen durchschnittlichen Säuregehalt von 26 g/l, die Stachelbeere einen von 17 g/l und die Himbeere einen von 15 g/l.

Da der Säuregehalt eines harmonisch schmeckenden Weines aber zwischen 4 und 8 g/l liegen soll, muss in solchen Fällen mit Wasser verdünnt werden. Allerdings bleibt der anfangs eingestellte Säurewert nicht konstant erhalten. Die meisten in Früchten vorkommenden Säuren werden bei der alkoholischen Gärung und während der Lagerung abgebaut (z. B. Apfelsäure, Zitronensäure). In diesen Fällen wird dann mit Zitronensäure oder 80-prozentiger Milchsäure nachgesäuert.

Die Aromastoffe, die den typischen Geschmack einer Frucht ausmachen, setzen sich aus Hunderten von Substanzen zusammen, die insgesamt in einer Konzentration von 0,1–1 g/l vorliegen. Auf die aromabildenden Substanzen wird später im Zusammenhang mit der Aromabildung durch Hefen näher eingegangen.

Bei der Verdünnung von Fruchtrohsaft kann man sich nach folgenden Angaben orientieren: Hat man den Rohsaft aus vollreifen oder überreifen Früchten gewonnen, kann man im Allgemeinen einem Teil Saft zwei Teile Wasser zusetzen. Einen Rohsaft aus mittelreifen oder weniger aromatischen Früchten sollte man nicht stärker als im Verhältnis 1:1 verdünnen. Diese Angaben sind nur zur Orientierung. Im Laufe der Zeit lernt der Hobbywinzer, wie stark man die einzelnen Rohsäfte verdünnen kann. Ein möglichst geringer Zusatz von Wasser bedeutet nicht unbedingt eine Qualitätsverbesserung des Weines. Je mehr der Saft verdünnt wird, desto mehr Zucker und Säure müssen zugesetzt werden. Dafür klärt sich ein aus stärker verdünntem Saft hergestellter Wein oft besser.

Die freie Berechnung der Zutaten ermöglicht dem Hobbywinzer auch, die Menge des anzusetzenden Weines so zu wählen, dass der Gärbehälter optimal ausgenutzt wird oder genau die ihm zur Verfügung stehende Menge an Rohstoffen verarbeitet werden kann.

Zuckerfreier Extrakt

Die Menge des zuckerfreien Extraktes der verschiedenen Früchte ist ein Maß dafür, wie stark schließlich verdünnt werden kann. Der zuckerfreie Extrakt einer Frucht gibt die Menge aller löslichen Bestandteile an, wie Säuren, Aromastoffe, Mineralstoffe, Phosphorverbindungen usw., natürlich ohne den Anteil des in der Frucht enthaltenen gelösten Zuckers.

Für die verschiedenen Früchte werden im zweiten Teil des Buches jeweils die Durchschnittswerte für den zuckerfreien Extrakt angegeben. Einen Saft mit einem hohen Wert, wie z. B. den Saft der Eberesche mit 215 g/l, kann man wesentlich stärker verdünnen (1 Teil Saft auf 5 Teile Wasser) als Säfte mit niedrigeren Werten, wie z. B. Birkensaft mit 3 g/l, die möglichst unverdünnt weiterverarbeitet werden sollten. Weiterhin kann man sagen, dass ein Saft mit einem hohen zuckerfreien Extraktgehalt einen intensiveren Geschmack aufweist als ein Saft mit entsprechend niedrigerem Gehalt.

HINWEIS! Zuckerfreies Extrakt

Der zuckerfreie Extrakt ist die Summe aller löslichen Bestandteile. Je höher dieser ist, desto mehr kann der Weinansatz verdünnt werden.

Wenn man hier von Verdünnung spricht, rechnet man eigentlich nicht mit reinem Wasser, sondern muss schon den im Wasser gelösten, für den Weinansatz benötigten Zucker und dessen Volumen mit einberechnen. Die Berechnung der benötigten Zuckermenge wird später noch beschrieben. Zunächst kann man anhand folgender Formel bestimmen, mit wie viel Zuckerwasserlösung man verdünnen kann, und erhält gleichzeitig einen Wert für die Menge des anzusetzenden Weines.

HINWEIS! Berechnungen für den Weinansatz

Die im Folgenden angeführten Berechnungen werden jeweils anhand von Beispielen veranschaulicht. Die gegebenen Formeln und Berechnungsmethoden gelten nur für die Weiterverarbeitung von Saft.

Formel 1

$$\textbf{Zuckerwasserzusatz (Anteile)} = \frac{\text{zuckerfreier Extrakt (g/l)}}{40}$$

Beispiel: Der Ebereschensaft mit 215 g/l zuckerfreiem Extrakt kann mit 215 : 40 = 5,4* Teilen Zuckerwasser verdünnt werden.
* Die Rechenergebnisse sind bei sämtlichen Berechnungen in den Beispielen auf- bzw. abgerundet.

Jede Frucht liefert eine bestimmte Menge Saft und Feststoffe. So beträgt die Saftausbeute der Roten Johannisbeere z. B. 78–91 Prozent.

Die Menge des aus einer bestimmten Fruchtmenge zu erwartenden Rohsaftes lässt sich wie folgt ermitteln:

Formel 2

$$\text{Rohsaft (l)} = \frac{\text{Fruchtmenge (kg)} \times \text{Saftausbeute (\%)}}{100}$$

Beispiel: Aus 6 kg Roten Johannisbeeren erhält man bei sachgerechter Verarbeitung mindestens 6 x 78 : 100 = 4,7 l und maximal 6 x 91 : 100 = 5,5 l Saft.

Die Säure des Rohsaftes wird nun bestimmt. Ist der Säurewert geringer als der Wert, den man sich im fertigen Wein wünscht, sollte möglichst wenig verdünnt werden.

Enthält der Saft aber wesentlich mehr Säure, kann nach folgender Berechnung verdünnt werden. Hierbei bleibt unberücksichtigt, dass im Laufe der Gärung Säuren abgebaut werden und dass der Säuregehalt ohnehin noch mehrmals kontrolliert bzw. gegebenenfalls korrigiert werden muss.

Formel 3

$$\text{Weinansatz (l)} = \frac{\text{Rohsaft (l)} \times \text{Säuregehalt Rohsaft (g/l)}}{\text{gewünschter Säuregehalt (g/l)}}$$

Beispiel: 5 l Roter Johannisbeersaft mit 28 g/l Säure sollen zu einem Wein mit 7 g/l Gesamtsäure verarbeitet werden. Es ergibt sich 5 x 28 : 7 = 20 l Weinansatz. In diesem Volumen müssen alle Zutaten, wie Saft, Wasser, Zucker u. a., mitberücksichtigt werden. Die fertige Weinmenge wird wegen Verdunstung und sich absetzender Trubteilchen um etwa 10 Prozent geringer sein.

Will man eine ganz bestimmte Menge Wein ansetzen und stehen genügend Rohstoffe zur Verfügung, kann man mit Hilfe der umgestellten Formel berechnen, wie viel Saft für eine bestimmte Menge Wein benötigt wird.

Formel 4

$$\text{Rohsaft (l)} = \frac{\text{gewünschter Säuregehalt (g/l)} \times \text{Weinansatz (l)}}{\text{Säuregehalt Rohsaft (g/l)}}$$

Beispiel: Es steht ein 15-l-Gärballon zur Verfügung. Abzüglich 25 Prozent Gärraum kann man 11 l Wein ansetzen. Die Säuregehalte werden wie im vorherigen Beispiel angenommen. Man benötigt 7 x 11 : 28 = 2,75 l Rohsaft für einen Ansatz von 11 l.

Einem Rohsaft, der nicht nach den eben beschriebenen Verfahren verdünnt zu werden braucht, weil er säurearm ist, kann häufig doch Wasser zugesetzt werden, wenn die Menge des zuckerfreien Extraktes entsprechend hoch ist.

Beispiel: 6 l Quittenrohsaft haben einen Säuregehalt von 3 g/l. Der zuckerfreie Extrakt ist mit 41 g/l angegeben. Die Berechnung nach Formel 1 ergibt 41 : 40 = ~1, das heißt, ein Teil Rohsaft kann mit einem Teil Zuckerwasser verdünnt werden. Der gewünschte Säuregehalt wird bei der Hausweinbereitung mit Milchsäure eingestellt, bei Verkaufswein sind die lebensmittelrechtlichen Bestimmungen des jeweiligen Landes einzuhalten.

WICHTIG! Säuregehalt kontrollieren.

Zu geringer Säuregehalt wird bereits beim Weinansatz mit Zitronen- oder Milchsäure korrigiert.

Der Zuckerzusatz

Bei den meisten Früchten ist eine Anreicherung mit Zucker vor der Vergärung notwendig. Die Weintraube mit 100–300 g/l Zucker und 7 g/l Säure hat als einzige Frucht ein optimales Zucker-Säure-Verhältnis, sodass bei ihrer Verarbeitung keine weiteren Zutaten zugesetzt werden müssen. Bei fast allen anderen Rohstoffen für die Weinbereitung ist im Ansatz eine Zuckerzugabe erforderlich. Eine Ausnahme bildet die Herstellung von Apfel- oder Birnenmost, der mit geringeren Alkoholgehalten von 4 bis max. 8 Vol.-% getrunken wird. Wie der Zucker letztendlich in Alkohol umgesetzt wird, wird im Kapitel Alkoholische Gärung ab S. 58 beschrieben.

Bei dieser Thematik muss darauf hingewiesen werden, dass die Gärung von der Zuckerkonzentration abhängig ist. Höhere anfängliche Zuckermengen verlangsamen die Gärgeschwindigkeit, was vor allem bei gewünschten höheren Alkoholgehalten relevant ist. Daher kann es bei Dessertweinen sinnvoll sein, nicht gleich zu Beginn die gesamte Zuckermenge hinzuzufügen, sondern erst im späteren Gärverlauf.

Refraktometer

Heutzutage ist die Verwendung eines Refraktometers zur Bestimmung des Zuckergehaltes der Früchte zu empfehlen, da die Preise für einfache Modelle nur mehr knapp über 20 Euro liegen. Zu beachten ist dabei die gewünschte Skala, also der Messbereich, und vor allem die gewünschte Einheit, also ob Öchsle oder KMW. Achtung, auch Geräte mit Brix oder Baumé – weitere gebräuchliche Einheiten für den Zuckergehalt – werden im Handel angeboten. Die meisten Geräte bieten zudem eine automatische Temperaturkompensation (ATC), was sehr zu empfehlen ist.

Ein Tropfen der zu messenden Flüssigkeit wird dabei auf das Messgerät aufgebracht, und dann wird dieses gegen das Licht gehalten. Der Zuckergehalt kann dann unmittelbar abgelesen werden. Bei den meisten Geräten wird ebenfalls in einer zweiten Skala der umgerechnete theoretische Alkoholgehalt des durchgegorenen Weines angezeigt. Man kann mit diesem Gerät daher schnell hintereinander Messungen vornehmen.

Zu beachten ist aber, dass dieses Messgerät nur für Flüssigkeiten ohne Alkoholgehalt genaue Werte anzeigt. Damit ist – im Gegensatz zur Mostwaage (siehe unten) – diese Messmethode nicht für die Kontrolle während des Gärverlaufes geeignet.

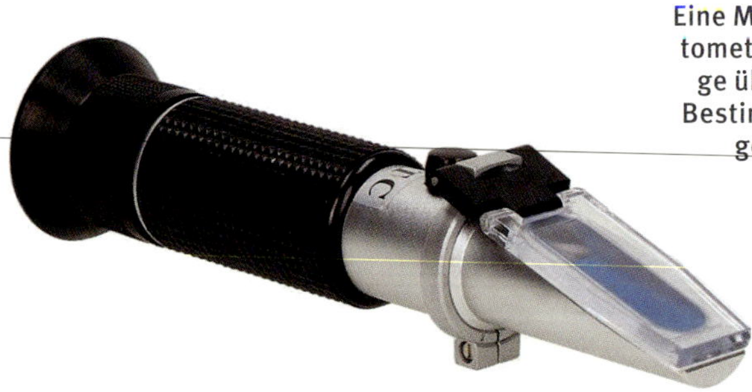

Eine Messung mit Refraktometer ist die heutzutage übliche Methode zur Bestimmung des Zuckergehaltes der Früchte

Klosterneuburger Mostwaage (°KMW)

Im Gegensatz zu den meisten anderen Ländern, in denen die Angabe in Öchslegraden gebräuchlich ist, wird bis heute in Österreich – und anderen Nachfolgestaaten der Habsburgermonarchie, also Ungarn, Norditalien, Kroatien und Slowenien, – der Zuckergehalt mit der Klosterneuburger Mostwaage bestimmt. Dieses Instrument wurde gegen Ende des 19. Jahrhunderts von August Wilhelm Freiherr von Babo entwickelt. Der Zuckergehalt wird danach in °KMW angegeben.

HINWEIS! Umrechnung KMW in Öchsle

°Oe = °KMW x [(0,022 x °KMW) + 4,54] bzw. als Näherungsformel 1 °KMW = 4,86 °Oe

Um °KMW in °Oe umzurechnen, muss man als Faustformel mit 5 multiplizieren. Umgekehrt muss der Öchslewert bei Umrechnung in °KMW durch 5 dividiert werden. Danach entsprechen beispielsweise 20 °KMW etwa 100 °Oe bzw. 140 °Oe etwa 28 °KMW.

Es sind auch einschlägige Tabellen, Online-Rechner oder Apps zur Umrechnung im Internet zu finden.

Zuckergehalt in Öchslegraden (°Oe)

Üblicherweise wird der Zuckergehalt durch direkte Messung mit der Öchsle- oder Mostwaage bzw. einem Refraktometer bestimmt. Die Einheit, in der die „Süßigkeit" gemessen wird, ist das Öchslegrad (°Oe). Je mehr Öchslegrade angezeigt werden, desto höher ist der Zuckergehalt.

Die Öchslewaage arbeitet nach dem physikalischen Prinzip, dass verschieden stark konzentrierte Zuckerlösungen unterschiedlich große Dichten aufweisen und dass daher ein in der Flüssigkeit schwebender Körper unterschiedlich tief eintaucht.

Mostwaage

Die Most- oder Öchslewaage besteht aus einem mit Bleischrot beschwerten, zylindrischen Glaskörper, der sich an einem Ende in ein flach gedrücktes oder rundes Glasrohr verlängert, auf welchem eine Skala aufgetragen ist.

Ein Öchslegrad entspricht dem Gewicht, um das 1 l Most schwerer ist als 1 l Wasser. Hat 1 l Most ein spezifisches Gewicht von 80 °Oe, beträgt sein Gewicht 1080 g, und ist somit um 80 g schwerer als 1 l Wasser. Der Erfinder und Namensgeber dieses Gerätes war Ferdinand ÖCHSLE, der 1774 in Sulzbach in Baden geboren wurde und in Pforzheim als Goldschmied und Erfinder tätig war.

Neben der Menge des gelösten Zuckers beeinflusst auch die Temperatur das spezifische Gewicht einer Lösung. Neuere Mostwaagen nach Öchsle sind auf eine Mosttemperatur von 20 °C geeicht, ältere auf 15 °C. Pro 1 °C weicht der gemessene Wert um 1/5 °Oe ab, alle 5 °C muss der Öchslewert also um 1 °Oe korrigiert werden. Ist der Most kälter als die Eichtemperatur, wird der Korrekturwert abgezogen, ist der Most wärmer, wird er dazu addiert. Heute haben aber auch viele Mostwaagen ein eingebautes Thermometer, mit dessen Hilfe man den genauen Öchslegrad bestimmen kann.

Beispiel: Ein 10 °C temperierter Most hat 78 °Oe. Wurde er mit einer auf 15 °C geeichten Waage gemessen, hat er tatsächlich eine Dichte von 1,077 g/l, weil 78 °Oe – 5/5 °Oe = 77 °Oe. Ist die Bestimmung mit einer auf 20 °C geeichten Waage erfolgt, muss noch ein weiterer Öchslegrad abgezogen werden.

An der Öchslewaage lässt sich der Zuckergehalt direkt an der Skala ablesen. © G. Lehari

Diese Öchslewaage ist mit einem zusätzlichen Thermometer (unterer Bereich) ausgestattet. An dieser Skala kann man ablesen, ob aufgrund der Temperatur Öchslegrade dazugerechnet oder abgezogen werden müssen. © G. Lehari

Man kann aber auch mit entsprechenden Gewichtsangaben den Zuckergehalt einer Lösung berechnen. Aufgrund folgender Überlegungen erhält man eine Konstante, die allgemein gültig für alle Bestimmungen des Zuckergehaltes angewendet werden kann.

1 kg Zucker nimmt ein Volumen von 0,625 l oder 625 cm^3 ein. 1 l Zucker wiegt 1,6 kg und ist somit 60 Prozent oder 600 g schwerer als 1 l Wasser.

0,1 kg Zucker nehmen ein Volumen von 0,0625 l ein. Will man damit 1 l Zuckerlösung herstellen, muss man noch 0,9375 l (= kg) Wasser zusetzen. Diese Zuckerlösung wiegt dann 0,9375 kg + 0,1 kg = 1,0375 kg, das heißt, das spezifische Gewicht beträgt 1,0375 kg/l. Die Öchslewaage würde in diesem Fall 37,5 °Oe anzeigen. 37,5 °Oe bedeuten also einen Zuckergehalt von 100 g/l Lösung. 100 : 37,5 = 2,67 = 8 : 3.

Dieser Quotient stellt eine Konstante dar, mit deren Hilfe man die Berechnung des Zuckergehaltes sämtlicher Zuckerlösungen bzw. Rohsäfte durchführen kann. Die Ermittlung des Zuckergehaltes einer Zuckerlösung kann mit Hilfe einer genauen Waage erfolgen.

Setzt man voraus, dass 1 l Wasser exakt 1 kg wiegt, lässt sich der Zuckergehalt nach folgender Formel berechnen:

Formel 5

Zuckergehalt (g/l) =

$$\frac{8}{3} \times (\text{Zuckerlösung (g)} - \text{Wasser (g)})$$

Beispiel: 1 l einer Zuckerlösung wiegt 1135 g. Der Zuckergehalt beträgt dann 8 : 3 x (1135 – 1000) = 360 g/l.

In welchem Zusammenhang steht nun der Zuckergehalt des Saftes mit der Qualität des daraus entstehenden Weines?

Aus 1 °Oe werden bei der Vergärung etwa 1 g Alkohol (Ethanol) gebildet, das heißt, ein Saft mit einem Mostgewicht von 90 °Oe liefert einen Wein mit ca. 90 g Alkohol/l, wenn der Zucker vollständig umgesetzt wird.

Die Angabe des Alkoholgehaltes eines Getränkes erfolgt normalerweise in den Einheiten Gewichtsprozent oder Volumenprozent. Die Gewichts- oder Grammprozente geben den gewichtsmäßigen Anteil des Alkohols im Wein an. 10 Gewichtsprozent bedeutet, in 1 l Wein sind 100 g Alkohol enthalten. Die bei uns übliche Bezeichnung Volumenprozent bezieht sich auf den raummäßigen Anteil des Alkohols, das heißt, 10 Vol.-% liegen vor, wenn in 1 l Wein 100 ml Alkohol enthalten sind. Da Alkohol ein geringeres spezifisches Gewicht als Wasser hat (nämlich 0,79 kg/l), liegt der Vol.-%-Wert immer über dem Gewichts-%-Wert. 10 Gewichts-% entsprechen 10 : 0,79 = 12,6 Vol.-%.

WICHTIG! Grundregeln

- 1 °Oe ergibt ca. 1 g Alkohol
- 12,6 Vol.-% = 10 g Alkohol/l

Mit folgender Formel lässt sich ermitteln, wie viel Vol.-% Alkohol bei der Vergärung eines Mostes mit bekanntem Öchslegewicht entstehen können. Außerdem kann man mit der Formel den Alkoholanteil von g/l bzw. Gew.-% in Vol.-% umrechnen.

Formel 6

$$\text{Vol.-\% Alkohol} = \frac{\text{Öchslegewicht}}{7{,}9}$$

Formel 6a

$$\text{Vol.-\% Alkohol} = \frac{\text{Alkoholgehalt (g/l)}}{10 \times 0{,}79\ \text{kg/l}}$$

Formel 6b

$$\text{Vol.-\% Alkohol} = \frac{\text{Gew.-\% (g/100 g)}}{0{,}79\ \text{kg/l}}$$

Beispiel: Ein Most mit 120 °Oe kann 120 : 7,9 = 15,2 Vol.-% Alkohol bilden. Aus 120 °Oe entstehen 120 g/l Alkohol bzw. 120 : (10 x 0,79) = 15,2 Vol.-%.

Einen Näherungswert erhält man durch die Formel:

Formel 6c

$$\text{Vol.-\% Alkohol} = \frac{\text{Öchslegewicht}}{8}$$

In diesem Fall ergibt sich 120 : 8 = 15 Vol.-%.

Erzeugnisgruppen (Richtlinien) in Deutschland

Nach den „Richtlinien für die Herstellung, Kennzeichnung und Beurteilung von Obst- und Fruchtweinen und weiterverarbeiteten Erzeugnissen“ unterscheidet man sieben verschiedene Erzeugnisgruppen. Als Obstweine werden ausschließlich Erzeugnisse aus Äpfeln und Birnen bezeichnet.

1. **Kernobstweine:** Apfel- oder Birnenweine bzw. aus beiden Obstarten gemischte

Weine, mindestens 5 Vol.-% Alkohol, höchstens 1 g/l flüchtige Säuren, mindestens 20 g/l zuckerfreier Extrakt.
2. **Fruchtweine:** mindestens 8 Vol.-% Alkohol, mindestens 5 g/l nichtflüchtige Säuren, höchstens 1,4 g/l flüchtige Säuren.
3. **Obst- bzw. Fruchtdessertweine:** mindestens 13 Vol.-% Alkohol, mindestens 4 bzw. 6 g/l nichtflüchtige Säuren, höchstens 1,4 g/l flüchtige Säuren.
4. **Obst- bzw. Fruchtschaumweine:** mindestens 5 bzw. 8 Vol.-% Alkohol, 4 bzw. 5 g/l nichtflüchtige Säuren, 1,2 bzw. 1,4 g/l flüchtige Säuren.
5. **Obst- bzw. Fruchtwermutweine:** mindestens 13 Vol.-% Alkohol, mindestens 4 g/l nichtflüchtige Säuren, höchstens 1,4 g/l flüchtige Säuren.
6. **Moste nach Landesbrauch:** mindestens 4 Vol.-% Alkohol, höchstens 1,4 g/l flüchtige Säuren, mindestens 15 g/l zuckerfreier Extrakt.
7. **Weiterverarbeitete Erzeugnisse:** Punsch, Bowle, Glühwein, Schorle usw.

Der Hausweinbereiter wird im Normalfall Weine erzeugen, die der zweiten Kategorie „Fruchtweine“ zuzuordnen sind.

Österreichisches Obstweingesetz

In Österreich gibt es seit 2014 ein eigenes Obstweingesetz. Darin wird in 4 Obstartgruppen unterschieden:

1. **Kernobst:** Apfel, Birne, Quitte
2. **Steinobst:** Kirsche, Zwetschken- und Pflaumenarten etc.
3. **Beerenobst:** Brombeere, Erdbeere, Holunder etc.
4. **Sonstiges Obst**

Ab 13 % Vol.-Alkohol spricht man von Obstdessertweinen. Des Weiteren wird im Gesetz auf Qualitätsobstweine, Obstperl- und Obstschaumweine eingegangen.

Ein Auszug des Gesetzestextes findet sich am Ende des Buches bzw. ist dieser in der aktuellen Fassung auch im Internet abrufbar (www.ris.bka.gv.at/GeltendeFassung.wxe?Abfrage=Bundesnormen&Gesetzesnummer=20008768).

Welcher Zucker und Zuckergehalt

Der dem Weinansatz hinzugefügte Zucker kann handelsüblicher, weißer Kristallzucker sein. Puder- oder Würfelzucker und Zuckerhüte sind weit teurer, aber qualitativ nicht besser als normaler Kristallzucker.

Zucker ist eines der keimärmsten und saubersten Lebensmittel. Will man ihn über längere Zeit lagern, sollte man darauf achten, dass der Lagerraum trocken und staubfrei ist. Die relative Luftfeuchtigkeit sollte 60 Prozent nicht überschreiten. Bei zu feuchter Lagerung verklumpt der Zucker durch das kondensierende Wasser. Sonst ist Zucker ein Lebensmittel ohne Haltbarkeitsdatum, also theoretisch ewig haltbar.

Anstelle des weißen Industriezuckers kann auch der teurere braune Zucker in der gleichen Dosierung verwendet werden. Der Wein erhält dann die für den Madeira typische goldene Farbe und auch einen ähnlichen Geschmack. Anstelle von drei Teilen Zucker können auch vier Teile Honig oder Malzextrakt zur Zuckerung verwendet werden. Wenn mehr als 1/4 bis 1/3 des Zuckers durch Honig oder Malzextrakt ersetzt wird, wird der Geschmack beeinflusst, was nicht immer wünschenswert ist. Anstatt mit kristallinem Zucker kann man auch mit Zuckersirup süßen, den man sich selbst herstellen kann. Der Vorteil ist, dass der Weinansatz bei Zusatz von Sirup mit weniger Sauerstoff in Berührung kommt und damit auch weniger Fremdkeime in den Wein gelangen.

Zur Erzeugung von 1 l Sirup mischt man 800 g Zucker mit einem 1/2 l kochendem Wasser. Die Süßkraft von 1 l Sirup beträgt dann auch nur 80 Prozent von der des kristallinen Zuckers. Also muss man z. B. anstelle von vier Teilen Zucker fünf Teile Sirup zusetzen. Das im Sirup enthaltene Wasser muss bei den Berechnungen der Zutaten mitberücksichtigt werden.

HINWEIS! Zuckerzusatz

Unterschiedlichste Süßstoffe können als Zuckerzusatz verwendet werden.

Die Ermittlung des **Zuckergehaltes** des Rohsaftes erfolgt mit der Öchslewaage. Da aber ein Fruchtsaft keine reine Zuckerwasserlösung ist, sondern noch andere zahlreiche Substanzen enthält, die das spezifische Gewicht beeinflussen, muss die **Formel 5** entsprechend der gewählten Fruchtart wie folgt abgewandelt werden:

Formel 7

Trauben:
Zuckergehalt (g/l) =
2,5 x Öchslegewicht – 25

Kernobst:
Zuckergehalt (g/l) =
2,0 x Öchslegewicht

Beerenobst mit hohem Säuregehalt:
Zuckergehalt (g/l) =
2,5 x Öchslegewicht – 40

Beerenobst mit normalem Säuregehalt:
Zuckergehalt (g/l) =
2,5 x Öchslegewicht – 30

Durch die Verwendung von braunem Zucker lässt sich die typisch goldene Madeira-Farbe erreichen. © G. Lehari

Ist der Wert für den zuckerfreien Extrakt der zu verarbeitenden Frucht bekannt, kann man auch die **Formel 5** jeweils individuell abwandeln.

Formel 8

Zuckergehalt (g/l) =
8 : 3 x Öchslegewicht –
zuckerfreier Extrakt (g/l)

Beispiel: Berechnet man den Zuckergehalt des Johannisbeersaftes mit 50 °Oe nach **Formel 8,** ergibt sich 8 : 3 x 50 – 50 = 83 g/l. Nach **Formel 7** für Beeren mit hohem Säuregehalt ergibt sich 2,5 x 50 – 40 = 85 g/l. **Formel 7** sollte man nur anwenden, wenn keine Angaben über den zuckerfreien Extrakt vorliegen.

Der Quittenrohsaft hätte nach **Formel 8** 8 : 3 x 44 – 41 = 76 g/l Zucker, wogegen sich nach Formel 7 für Kernobst 2 x 44 = 88 g/l Zucker errechnen.

Die eben aufgezeigten Unterschiede verdeutlichen, dass es sich bei diesen Berechnungen nur um Näherungsformeln zur besseren Orientierung handelt.

Im zweiten Teil des Buches sind die Werte für die verschiedenen Früchte aufgelistet. Die tatsächlichen Messergebnisse werden aber meistens von den in den Tabellen angegebenen Durchschnittswerten abweichen, da die Mengen der Inhaltsstoffe von vielen verschiedenen Faktoren abhängen. Mit dem Verdünnen des Rohsaftes verändern sich natürlich auch die Werte von Zucker- und Säuregehalt.

HINWEIS! Nicht immer gleich

Die Menge der Inhaltsstoffe unterliegt starken jährlichen Schwankungen.

Um eine Umrechnung zu erleichtern, multipliziert man die vorher gemessenen Werte einfach mit dem Verdünnungsfaktor, der sich wie folgt ergibt:

Formel 9

Verdünnungsfaktor =

$$\frac{\text{Zugesetzte Zuckerlösung (l)}}{\text{Rohsaft (l)}}$$

Beispiel: 5 l Johannisbeersaft, mit 3 l Wasser verdünnt, hat danach einen Säuregehalt von 3 : 5 x 28 = 16,8 g/l und ein Mostgewicht von 3 : 5 x 50 = 30 °Oe.

Hat man nur Messwerte von dem verdünnten Saft, kann man die ursprünglichen Werte ermitteln, indem man durch den Verdünnungsfaktor dividiert.

Anhand eines Beispiels werden nun unter Berücksichtigung der bisherigen Berechnungsmethoden die Mengen der erforderlichen Zutaten für einen Weinansatz bestimmt.

Aus 5 l Rotem Johannisbeersaft mit 28 g/l Säure und 83 g/l Zucker sollen 20 l Wein mit einem Säuregehalt von 7 g/l angesetzt werden. Der fertige Wein sollte 14,5 Vol.-% Alkohol und einen Restzuckergehalt von 50 g/l besitzen.

Vorhandener Zucker im Gesamtansatzvolumen: 83 g/l x 5 l = 415 g/20 l. Vorhandene Säure im Gesamtansatzvolumen: 28 g/l x 5 l = 140 g/20 l = 7 g/l. Erforderlicher Säurezusatz: keiner.

Für einen gewünschten Alkoholgehalt im späteren Wein muss im Ansatz eine gewisse Menge Zucker eingesetzt werden. Bei der Ableitung der **Formel 6** wurde der Zusammenhang von Vol.-%, g/l Alkohol und Mostgewicht beschrieben. Man kann sagen, bei 1 Vol.-% Alkohol sind in 1 l Wein 7,9 g Alkohol enthalten. Aus 1 kg Zucker entstehen während der alkoholischen Gärung 488 g Alkohol. Folglich werden zur Erzeugung von 1 Vol.-% Alkohol in 1 l Wein 1000 x 7,9 : 488 = 16,2 g Zucker benötigt.

Man kann also den Zuckerbedarf für den Ansatz wie folgt berechnen:

Formel 10

Zuckerbedarf (g/l) =
16,2 x gewünschte Vol.-% Alkohol

Beispiel: Pro Liter Wein benötigen wir 16,2 x 14,5 = 235 g/l Zucker, für 20 l also 20 x 235 = 4,7 kg. Hiervon muss der schon im Rohsaft vorhandene Zucker abgezogen und der gewünschte Restzuckergehalt dazu addiert werden.

Formel 11

Tatsächlicher Zuckerbedarf (g) =
benötigter Zucker (g) – vorhandener Zucker (g) + gewünschter Restzucker (g)

Beispiel: Benötigter Zucker = 4700 g, vorhandener Zucker = 5 x 83 = 415 g, gewünschter Restzucker = 20 x 50 = 1000 g.

4700 – 415 + 1000 = 5285 g. Für einen Ansatz von 20 l müssen also 5,285 kg Zucker eingesetzt werden. 1 kg Zucker nimmt ein Volumen von 0,625 l ein. Der benötigte Zucker nimmt also 0,625 x 5,285 = 3,3 l Volumen ein.

Die nun noch benötigte Wassermenge berechnet sich nach:

Formel 12

Wasserzusatz (l) =
Ansatzmenge (l) – Rohsaftmenge (l) – 0,625 x Zuckermenge (kg)

Beispiel: In unserem Fall benötigen wir noch 20 – 5 – 0,625 x 5,285 = 11,7 l Wasser.

Sollte bei der Verarbeitung der Früchte schon Wasser zugesetzt worden sein, muss diese Menge hier natürlich mitberücksichtigt werden. Ist im Weinansatz die Zuckerkonzentration sehr hoch, kann es sein, dass die Hefen wegen des hohen osmotischen Druckes in ihrer Gärtätigkeit behindert werden. Das hat zur Folge, dass die Gärung schlecht startet und sehr langsam verläuft und dass eventuell nur ein geringerer Endalkoholgehalt erreicht wird.

Dies lässt sich leicht durch staffelweises Zuckern vermeiden. Das bedeutet, dass die benötigte Zuckermenge nicht auf einmal hinzugefügt wird, sondern in zwei oder drei Portionen. Man setzt also z. B. am ersten Tag ein Drittel des Zuckers hinzu. Ist die Gärung gut angelaufen, gibt man nach fünf Tagen das zweite Drittel und nach weiteren fünf Tagen das letzte Drittel dazu. Will man einen nicht so hochprozentigen Wein mit etwa 8 Vol.-% Alkohol erzeugen, gibt man die Zuckermenge im Abstand von drei Tagen hinzu, da die gesamte Gärungsdauer kürzer ist.

TIPP! Nicht alles auf einmal

Der Zuckergehalt des Obstsaftes muss für den Weinansatz berücksichtigt werden.

Eine staffelweise Zuckerzugabe verhindert eine zu hohe Konzentration, welche die Gärtätigkeit der Hefen behindert.

Als Beispiel für einen Weinansatz aus einem säurearmen Rohsaft wird nun die Berechnung anhand des Quittensaftes durchgeführt:

6 l Quittenrohsaft mit 3 g/l Säure und 44 °Oe sollen 12 l Weinansatz ergeben. Der fertige Wein soll 8 Vol.-% Alkohol, 5 g/l Restzucker und 6 g/l Säure enthalten. Vorhandener Zucker im Gesamtansatzvolumen: 73 g/l x 6 l = 438 g in 12 l. Vorhandene Säure im Gesamtansatzvolumen: 3 g/l x 6 l = 18 g in 12 l

Benötigte Säuremenge: 12 l x 6 g/l = 72 g Säure auf 12 l, abzüglich der schon vorhandenen Säuremenge: 72 g – 18 g = 54 g Säure müssen dem Ansatz zugesetzt werden. Verwendet man die zur Nachsäuerung empfohlene 80-prozentige Milchsäure, so muss man 5 : 0,8 = 68 g 80-prozentige Milchsäure hinzufügen.

Der Zuckerbedarf wird zunächst nach **Formel 10** ermittelt.

16,2 x 8 = 130 g/l, das heißt, für 12 l Ansatz benötigt man 12 x 130 = 1560 g Zucker. Nach Formel 11 ergibt sich ein tatsächlicher Bedarf von 1560 – 6 x 73 + 12 x 5 = 1560 – 438 + 60 = 1182 g Zucker.

Der Wasserzusatz ermittelt sich nach Formel 12 wie folgt: 12 l – 6 l – 0,625 x 1,182 = 5,25 l Wasser.

Nachzuckern

Den Restzuckergehalt kann man auch durch Nachzuckern des fertigen Weines erhöhen. Man muss dann aber darauf achten, dass keine aktiven Hefezellen mehr im Wein vorhanden sind, das heißt, der Wein muss klar sein, da sonst eine Nachgärung stattfinden kann.

Abschließend sei erwähnt, dass die Süße des Weines, die ja durch den Restzuckergehalt bestimmt wird, im Laufe der Lagerung durch die Umwandlung des Zuckers in Invertzucker bis auf etwa Dreiviertel nachlässt, wenn mit abbaubarem Zucker und nicht mit Süßstoff nachgesüßt wurde. Um dies auszugleichen, kann man den Verlust schon bei der Berechnung des Restzuckergehaltes mitberücksichtigen.

Der geschmackliche Einfluss des vergorenen Zuckers ist unbedeutend. Der Restzucker, der Zucker also, der im fertigen Wein noch enthalten ist und nicht vergoren wurde, beeinflusst den Geschmack aber entscheidend. Der Zusatz von Traubenzucker (Glukose) zu einem ausgegorenen, restzuckerfreien Wein macht ihn geschmacklich reizvoller. Traubenzucker hat nur 50–70 Prozent der Süßkraft von normalem Rohrzucker (Saccharose), muss daher also fast doppelt so hoch dosiert werden. Der Wein wird durch Glukosezusatz sämiger, das bedeutet eine längere Verweildauer der Flüssigkeit auf den Geschmacksknospen im Mund.

Restzucker

Heutzutage werden bevorzugt trockene Weine (4 g/l Restzucker) getrunken. Süßere Weine sind jedoch geschmacklich nachhaltiger, weil Flüssigkeiten mit höherem spezifischen Gewicht, und daher auch mit höherer Viskosität, Geschmack und Aromastoffe intensivieren. Aus diesem Grund setzten die Weinbauern dem Wein früher das sämige Diethylenglykol zu, was 1985/86 zu dem riesigen Weinskandal führte.

HINWEIS! Restzucker

Als Restzucker wird der nicht vergorene Zucker im fertigen Wein bezeichnet. Die Süße des Weines kann im Laufe der Lagerung nachlassen.

Den Restzuckergehalt des Weines kann man jedoch auch – und das ist besonders für Diabetiker, die einen lieblichen Wein trinken möchten, interessant – mit Süßstoff erhöhen. Süßstoffe eignen sich ausschließlich zum Nachsüßen, da sie von den Hefen nicht vergoren werden können. Die Süßkraft liegt um ein Vielfaches höher als jene des Zuckers.

Nicht-vergärbare Süßstoffe

Süßstoffe	x-fache Süßkraft von Zucker (S)	E-Nummer
Aspartam	200	E 951
Cyclamat	35	E 952
Saccharin	475	E 954
Sucralose	600	E 955
Stevia (Stevioglycosid)	200–400	E 960

Die Berechnung der benötigten Süßstoffmenge ergibt sich wie folgt:

Formel 13

$$\textbf{Süßstoff (g)} = \frac{\text{Zuckermenge (g/l) x Weinmenge (l)}}{\text{S}}$$

Beispiel: Um den Süßegrad eines Kabinetts oder einer Spätlese zu erreichen, muss man einen Restzuckergehalt von 30 g/l haben. Will man 10 l eines restzuckerfreien Weines auf diesen Wert aufzuckern, braucht man 30 x 10 : 475 = 0,6 g Saccharin.

24 l Wein mit 5 g/l Restzucker sollten mit Saccharin auf einen Restzuckergehalt von 25 g/l aufgesüßt werden. Hierfür benötigt man (25 – 5) x 24 : 475 = ~1 g Saccharin. Will man mit Cyclamat aufsüßen, benötigt man (25 – 5) x 24 : 40 = 12 g.

Beim Nachsüßen sollte man immer äußerste Sorgfalt walten lassen, da ein „Zuviel" schnell den besten Wein verdirbt. Man kann auch mit Milchzucker (Laktose) nachsüßen, wobei man ca. 20–30 g/l dosiert. Wie Süßstoff wird auch dieser Zucker nicht vergoren. Hierbei ist dieser Zusatz als allergener Stoff unbedingt am Etikett anzuführen.

HINWEIS! Frühzeitig Nachsüßen

Besser ist es, im Laufe der Gärung Zucker hinzuzufügen. Ein Nachsüßen nach Ende der Gärung sollte nur wenn notwendig und sehr vorsichtig erfolgen.

Berechnung des Weinansatzes

Die folgenden Tabellen geben Näherungswerte an, die zur Berechnung der Weinansätze verwendet werden können.

Die erste Tabelle (siehe nächste Seite) gibt die Beziehung zwischen gemessenen Mostgewichten und tatsächlichen Zuckergehalten verschiedener Rohsäfte an.

Gemessenes Mostgewicht und tatsächlicher Zuckergehalt

Gemessenes Mostgewicht (°Oe)	spezifisches Gewicht (kg/1)	Zuckergehalt nach Formel 7 von			Durchschnittlicher Zuckergehalt aller Früchte
		Kernobst-rohsaft	Beeren-rohsaft	Trauben-rohsaft	
0	1,000	-	-	-	-
5	1,005	-	-	-	-
10	1,010	-	-	-	-
15	1,015	-	-	-	-
20	1,020	-	-	-	-
25	1,025	-	28	-	-
30	1,030	60	40	-	-
35	1,035	70	53	-	62
40	1,040	80	65	-	72
45	1,045	90	78	88	85
50	1,050	100	90	100	99
55	1,055	110	103	113	115
60	1,060	120	115	125	130
65	1,065	130	128	138	143
70	1,070	140	140	150	155
75	1,075	150	153	163	168
80	1,080	160	165	175	180
85	1,085	170	178	188	192
90	1,090	180	190	200	205
95	1,095	190	203	213	218
100	1,100	-	215	225	231
105	1,105	-	228	238	244
110	1,110	-	240	250	257
115	1,115	-	253	263	270
120	1,120	-	265	275	283
125	1,125	-	-	288	296
130	1,130	-	-	300	308
135	1,135	-	-	313	321
140	1,140	-	-	325	-
145	1,145	-	-	338	-
150	1,150	-	-	350	-

Wie schon erwähnt, galten die bisherigen Berechnungen für Saftgärungen. Bei Maischeansätzen kann man die Inhaltsstoffe erst nach dem Abstich von der Maische bestimmen. Neben dem Mostgewicht und dem Säuregehalt spielt hier der schon vorhandene Alkohol eine nicht unwesentliche Rolle.

Alkoholbestimmung

Zur Alkoholbestimmung stehen dem Hobbywinzer zwei verschiedene Geräte zur Auswahl. Die kostspieligere und aufwendigere Messmethode erfolgt mit einer der Öchslewaage sehr ähnlichen, aber genauer anzeigenden **Weinwaage**.

Durch Messen einer Probe Wein bevor und nachdem man den Alkohol daraus durch Erhitzen verdampft hat, erhält man zwei Werte, anhand derer man aus einer Tabelle den Alkoholgehalt ablesen kann. Eine wesentlich einfachere und preiswertere, aber dafür nicht so genaue Ergebnisse erzielende Methode ist die Alkoholbestimmung mit einem **Vinometer**.

Die Messung hiermit beruht auf der Abhängigkeit der Oberflächenspannung des Weines vom Alkoholgehalt. Durch die mit einer Skala versehenen Kapillare des Vinometers lässt man etwas Wein fließen. Dann verschließt man die Spitze der Kapillare mit dem Finger, dreht das Gerät herum, lässt den überschüssigen Wein herauslaufen, stellt das Vinometer auf eine gerade Fläche und gibt die Öffnung wieder frei. Der Wein sackt in der Kapillare bis auf eine bestimme Stelle ab, das heißt, die Flüssigkeitssäule reicht dann bis zu einem bestimmten Wert auf der Skala, von der man direkt die Volumenprozente ablesen kann.

Bei trockenen Weinen ohne Restzuckergehalt liefert diese Methode Ergebnisse mit hinreichender Genauigkeit. Je mehr Zucker aber noch im Wein enthalten ist, desto ungenauer ist das Messergebnis. Bestimmt man das Mostgewicht eines Mostes, der schon Alkohol enthält, wird das gemessene Ergebnis verfälscht. Da Alkohol leichter als Wasser ist, wird mit steigendem Alkoholgehalt das spezifische Gewicht des Mostes geringer, das heißt, es wird ein geringerer Öchslewert als der tatsächliche angezeigt. Ferner verändert der Zusatz von Säure das spezifische Gewicht. 80-prozentige Milchsäure hat eine Dichte von 1,2 kg/l, also würde eine Öchslewaage in reiner 80-prozentiger Milchsäure einen Wert von 200 °Oe anzeigen. Das gemessene Mostgewicht muss also unter Berücksichtigung des Alkoholgehaltes und eventuell des Säurezusatzes korrigiert werden.

1 l Ethanol wiegt 0,79 kg, das heißt, 10 Vol.-% in 1 l zuckerfreiem Wein wiegen 79 g und nehmen ein Volumen von 100 ml ein. Zu-

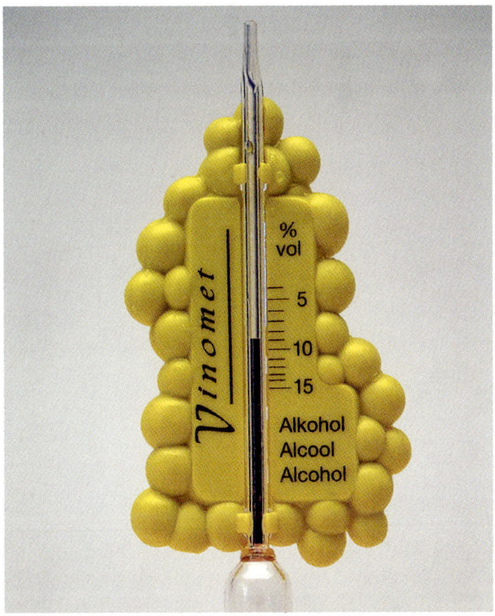

Vinometer gibt es auch in recht dekorativen Ausführungen. Der Alkoholgehalt ist klar an der Skala abzulesen. © G. Lehari

sammen mit den restlichen 900 ml Wein wiegt der restzuckerfreie Wein 900 + 79 = 979 g. Die Öchslewaage zeigt in diesem Fall -21 °Oe an. Das tatsächliche Mostgewicht berechnet sich wie folgt:

Formel 14

Tatsächliches Mostgewicht (°Oe) =
abgelesenes Mostgewicht (°Oe) +
2,1 x Alkoholgehalt (Vol.-%)

Zum Beispiel zeigt ein von der Maische abgezogener Most mit 12 Vol.-% einen Wert von 25 °Oe an. Ein Blick in die Tabelle sagt uns, dass es sich tatsächlich um ein Mostgewicht von 50 °Oe handelt.

50 = 25 + 2,1 x 12 nach **Formel 14**

Nach dem Abstich von der Maische wird nun mit den korrigierten Werten der Ansatz berechnet. Der gewünschte Endalkoholgehalt muss dann natürlich um den schon vorhandenen gemindert werden bzw. die noch benötigte Zuckermenge ermittelt man aus den noch zu errechnenden Vol.-%. Die Korrektur der Messwerte wird man auch anwenden, wenn man das Mostgewicht des fertigen Weines ermitteln will oder wenn man einen Wein, dessen Gärung stockt, noch einmal neu ansetzen muss.

In der Tabelle auf S. 55 finden Sie wie schon erwähnt das Mostgewicht für Weine mit unterschiedlichem Alkoholgehalt. In der Tabelle auf S. 56 ist noch einmal aufgelistet, wie viel Zuckergehalt erforderlich ist, um eine bestimmte Menge Alkohol zu produzieren.

WICHTIG! Tabelle statt rechnen

Wer sich die Berechnung sparen möchte, kann die korrigierten Werte der Tabelle „Mostgewicht mit Alkohol“ entnehmen.

Mostgewicht mit Alkohol

Gemessene °Oe	Tatsächliches Mostgewicht in °Oe bei einem Alkoholgehalt (Vol.-%) von							
	2 %	4 %	6 %	8 %	10 %	12 %	14 %	16 %
−30	-	-	-	-	-	-	-	4
−25	-	-	-	-	-	0	4	9
−20	-	-	-	-	1	5	9	14
−15	-	-	-	2	6	10	14	19
−10	-	-	3	7	11	15	19	24
−5	-	3	8	12	16	20	24	29
0	4	8	13	17	21	25	29	34
5	9	13	18	22	26	30	34	39
10	14	18	23	27	31	36	39	44
15	19	23	28	32	36	40	44	49
20	24	28	33	37	41	45	49	54
25	29	33	38	42	46	50	54	59
30	34	38	43	47	51	55	59	64
35	39	43	48	52	56	60	64	69
40	44	48	53	57	61	65	69	74
45	49	53	58	62	66	70	74	79
50	54	58	63	67	71	75	79	-
55	59	63	68	72	76	80	84	-
60	64	68	73	77	81	85	89	-
65	69	73	78	82	86	90	-	-
70	74	78	83	87	91	95	-	-
75	79	83	88	92	96	-	-	-
80	84	88	93	97	101	-	-	-
85	89	93	98	102	106	-	-	-
90	94	98	103	107	-	-	-	-
95	99	103	108	112	-	-	-	-
100	104	108	113	-	-	-	-	-
105	109	113	118	-	-	-	-	-
110	114	118	123	-	-	-	-	-
115	119	123	-	-	-	-	-	-
120	124	128	-	-	-	-	-	-
125	129	-	-	-	-	-	-	-
130	134	-	-	-	-	-	-	-

Zuckermenge Alkoholgehalt

Vol.-% Alkohol	Alkoholgehalt (g/l)	Erforderliche Zuckermenge (g/l)
0,5	4	8
1,0	8	16
1,5	12	25
2,0	16	33
2,5	20	41
3,0	24	49
3,5	28	57
4,0	32	65
4,5	36	73
5,0	40	81
5,5	43	89
6,0	47	97
6,5	51	105
7,0	55	113
7,5	59	121
8,0	63	130
8,5	67	138
9,0	71	146
9,5	75	154
10,0	79	162
10,5	83	170
11,0	87	178
11,5	91	186
12,0	95	194
12,5	99	202
13,0	103	210
13,5	107	219
14,0	111	227
14,5	115	235
15,0	119	243
15,5	122	251
16,0	126	259
16,5	130	267

Nomogramm zur Ansatzberechnung

Nachfolgendes Nomogramm ermöglicht es, innerhalb kürzester Zeit ohne langwierige Berechnungen die für einen Weinansatz von 10 l benötigte Menge an Zucker, Wasser und Säure zu bestimmen. Erforderlich dafür sind die Angaben über Zucker- bzw. Säuregehalt im Rohsaft, Menge des vorhandenen Rohsaftes, gewünschter Alkoholgehalt und gewünschter Säuregehalt. Gemäß folgender Anleitung verbindet man im Nomogramm die entsprechenden Werte mittels eines Lineals und kann am Ende die benötigten Mengen an Zutaten auf den jeweiligen Skalen ablesen.

Ermittlung der benötigten Zuckermenge

1. Gemessene Öchslegrade auf Skala „Öchsle" suchen (1) und Querverbindung zur Skala „Zucker im Rohsaft (g/l)" erstellen (2) oder direkt nach **Formel 8** Zuckergehalt ermitteln und auf Skala suchen (2).
2. Verbindung zu vorhandener Rohsaftmenge auf Skala „Rohsaft (1)" im linken Feld ziehen (3) und verlängern bis Skala „vorhandener Zucker (g/10 l)" (4). Den neuen Punkt (4) mit „gewünschtem Alkoholgehalt (Vol.-%)" (5) verbinden, verlängern bis „Zuckerzusatz (g)" (6) und ablesen. *Ergebnis:* Menge des benötigten Zuckers für 10 l (6)
3. Der Restzuckergehalt kann sofort mitberücksichtigt werden, wenn man auf der Skala „vorhandener Zucker" den gewünschten Restzuckergehalt pro 10 l abzieht (Verschiebung auf Skala nach unten). Wird der Wert nicht gleich miteinbezogen, muss der Wert zum Zuckerzusatz noch hinzugerechnet werden.

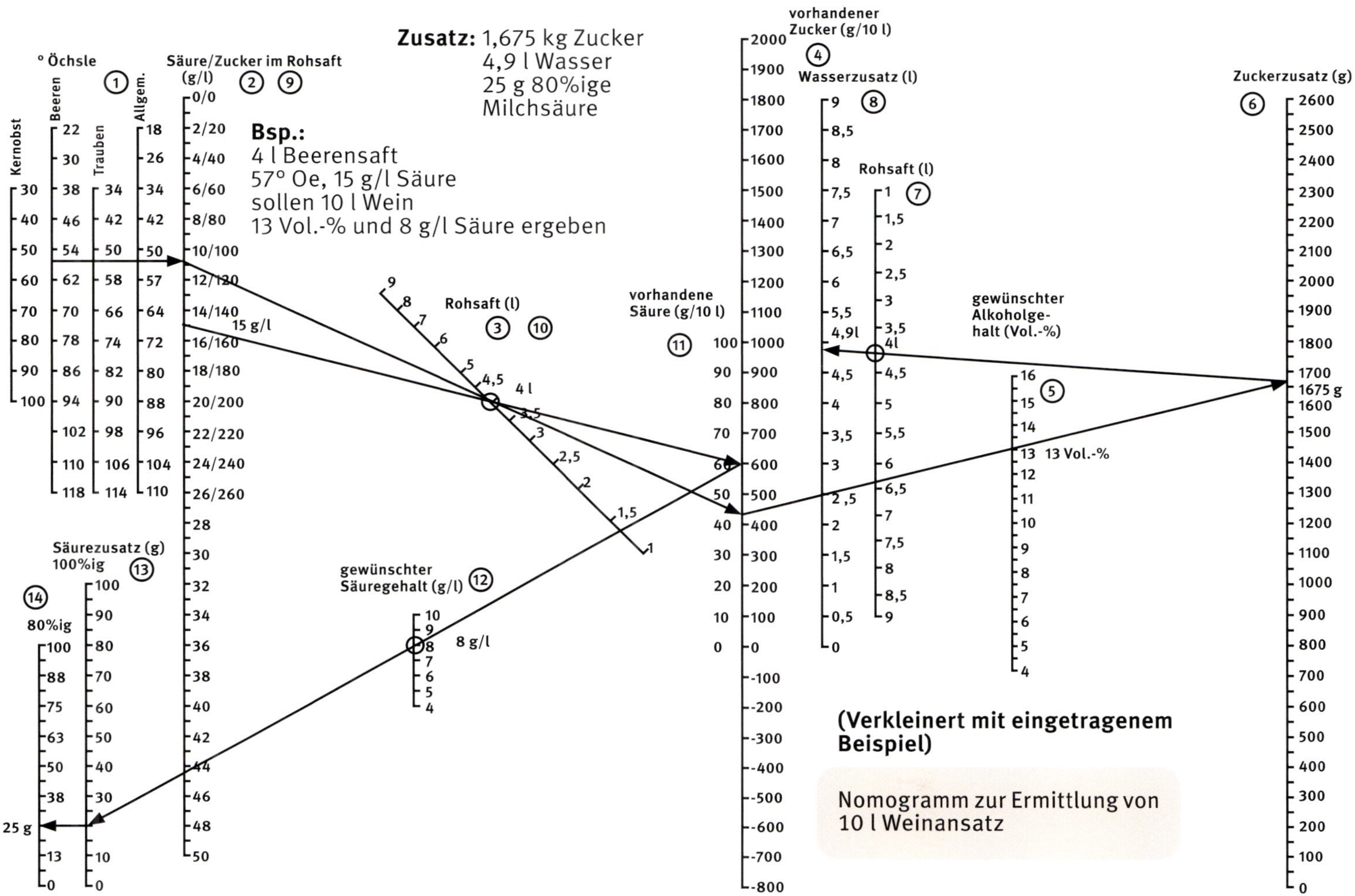

(Verkleinert mit eingetragenem Beispiel)

Nomogramm zur Ermittlung von 10 l Weinansatz

Benötigte Wassermenge

4. Ermittelter Zuckerzusatz (6) mit vorhandener Rohsaftmenge auf Skala „Rohsaft (1)“ im rechten Feld verbinden (7), verlängern bis Skala „Wasserzusatz (1)“ (8) und ablesen. *Ergebnis:* Menge des benötigten Wassers (8)

Ermittlung der benötigten Säuremenge

5. Gemessene Säuremenge auf Skala „Säure im Rohsaft (g/l)“ suchen (9), mit Rohsaftmenge im linken Feld verbinden (10) und verlängern bis Skala „vorhandene Säure (g/10 l)“ (11).
6. Punkt (11) mit „gewünschtem Säuregehalt (g/l)“ verbinden (12), verlängern bis Skala „Säurezusatz (g)“ (13) und Querverbindung zu „80-prozentig“ herstellen und ablesen (14). *Ergebnis:* Menge der benötigten 80-prozentigen Milchsäure

DIE GÄRUNG

Hat man den zu vergärenden Saft ausreichend geschwefelt (optional), den Gesamtsäuregehalt richtig eingestellt und die notwendige Menge Zuckerlösung zugesetzt, kann man endlich die Gärung starten. Hierfür gibt man dem Ansatz lebende Weinhefezellen zu, die während ihres Wachstums und ihrer Vermehrung als Teil ihres Stoffwechsels eine alkoholische Gärung durchführen.

Chemische Grundlagen

Unter der alkoholischen Gärung versteht man die der Hefe Energie liefernde Spaltung von Einfachzuckern (Monosacchariden) in Ethanol und Kohlendioxid.

Pasteur definierte 1875 die Gärung als „Leben der Hefen ohne Sauerstoff“. Dies besagt schon, dass Hefen die alkoholische Gärung nur unter Luftsauerstoffabschluss durchführen. Sie können auch in Gegenwart von molekularem Sauerstoff existieren, bauen dann aber den Zucker zu Kohlendioxid und Wasser ab.

Der überwiegend in den Pflanzen, also auch in den Früchten, vorkommende Zucker ist Saccharose, ein Disaccharid (Zweifachzucker), welches aus einem Molekül Glukose (Traubenzucker) und einem Molekül Fruktose (Fruchtzucker) aufgebaut ist.

Glukose ist das Endprodukt der Photosynthese. Mit Hilfe von Chlorophyll und Lichtenergie ist die Pflanze in der Lage, Glukose aus Kohlendioxid und Wasser aufzubauen. Das Wasser wird über die Wurzeln, das Kohlendioxid direkt aus der Luft über die Blattoberfläche aufgenommen.

HINWEIS! Gärung

Die Gärung erfolgt über spezielle Weinheferassen und wurde von Pasteur als „Leben der Hefen ohne Sauerstoff“ bezeichnet. Glukose ist der Ausgangsstoff der alkoholischen Gärung.

Fruktose kann durch chemische Umwandlung aus Glukose entstehen und umgekehrt. Beide Monosaccharide werden zu Saccharose verbunden. Allerdings ist diese Verbindung nicht sehr stabil. In sehr schwachen Säuren wird Saccharose in Glukose und Fruktose gespalten. Diesen Vorgang nennt man Inversion. Da ja in allen Früchten mehr oder weniger starke Säuren enthalten sind, liegt in Fruchtmaische oder -saft dieses Gemisch von Glukose und Fruktose, der sogenannte Invertzucker, vor.

Sollten in dem Rohmaterial noch höher verkettete Mehrfachzucker (Polysaccharide) oder andere Disaccharide enthalten sein, werden sie vorher von den Hefen enzymatisch zu Monosacchariden abgebaut. Die Glukose als Ausgangsstoff der alkoholischen Gärung wird über die Glykolyse, auch „Emden-Meyerhof-Weg" genannt, zunächst bis zu einer Verbindung mit drei Kohlenstoffatomen, der Brenztraubensäure (Pyruvat), abgebaut. Ab hier unterscheidet sich der oxidative vom nicht-oxidativen Endabbau. Unter Sauerstoffabschluss wird Pyruvat zunächst in Kohlendioxid und Acetaldehyd gespalten. Letzterer wird dann in einem weiteren Schritt zu Ethanol reduziert.

Ethanol ist eine brennbare, farblose Flüssigkeit mit einem spezifischen Gewicht von 0,79 gr/cm³ und ist mit Wasser mischbar. Der Siedepunkt liegt bei 78,3 °C, das heißt, bei dieser Temperatur geht Ethanol in den gasförmigen Zustand über. Den Unterschied der Siedepunkte von Ethanol und Wasser (100 °C) macht man sich bei der Destillation zunutze. Beim Brennen wird der vergorene Most auf der Temperatur des Alkoholsiedepunktes gehalten, sodass nur Ethanol, aber kein Wasser verdampft. Der gasförmige Alkohol passiert einen Kühler, an dessen Wänden er wieder kondensiert und in ein Sammelgefäß abfließt. Zurück bleiben Wasser und andere Bestandteile mit einem höheren Siedepunkt.

Das bei der alkoholischen Gärung entstehende Kohlendioxid (CO^2) ist ein farb- und geruchloses Gas. Bei jedem Atemzug gibt auch der Mensch geringe Mengen Kohlendioxid ab. Dieses Gas ist ca. 1,5-mal schwerer als Luft, wodurch es sich in Bodennähe ansammelt. Da es in hohen Konzentrationen erstickend wirkt, sollte in Räumen, wo in großen Mengen Gärungsprozesse stattfinden, für ausreichende Belüftung gesorgt werden. Dieses Gas schützt aber auch den Weinansatz während der Gärung vor Sauerstoff, darum ist ein blubberndes Gärgefäß immer ein gutes Zeichen. Sobald das Blubbern aufhört, besteht die Gefahr, dass kein CO^2 den Wein schützt und Maßnahmen ergriffen werden müssen.

Mikrobiologie des Weines

Im Folgenden werden neben der Beschreibung der genauen Anwendung der verschiedenen Heferassen und ihrer Darreichungsformen einige biologische Grundlagen erläutert, wodurch der Leser einen Einblick in die Mikrobiologie des Weines erhält.

Hefen

Hefen gehören zu den Pilzen, die sich von herkömmlichen Pflanzen dadurch unterscheiden, dass sie keine Photosynthese durchführen können, da ihnen die dafür notwendigen Chlorophylle fehlen, und dass sie in ihrer Zellwand Zellulose und (oder) Chitin enthalten, wogegen man bei Pflanzen ausschließlich Zellulose findet. Aufgrund dieser Unterschiede und der Zugehörigkeit zahlreicher mikroskopisch kleiner Vertreter werden die Pilze heute nicht mehr zu den Pflanzen, sondern zu den Mikroorganismen gezählt.

Verschiedene Stämme der Hefeart *Saccharomyces cerevisiae* kennen wir als Bäcker- und Bierhefen. Die Weinhefestämme gehören der Unterart *Saccharomyces cerevisiae* var. *ellipsoides* an. Der Name lässt sich auf die elliptische bis länglich ovale Form der Zellen zurückführen. Natürlich kommen diese Organismen auf der Oberfläche von Weinbeeren vor. Daher erreicht man meistens durch eine Spontangärung von Traubenmaische schon den gewünschten Erfolg. Will man andere Obstsäfte vergären, ist man in der Regel auf den Zusatz von Gärungserregern angewiesen. Ansonsten besteht die

Gefahr, dass andere auf den Früchten vorkommende, schädliche Mikroorganismen den Gärvorgang stören und unerwünschte Nebenprodukte entstehen lassen.

Die Generationszeit der meisten Heferassen, die lebensmitteltechnologisch eingesetzt werden, liegt bei vier bis fünf Stunden, das heißt, in dieser Zeitspanne verdoppelt sich eine vorhandene Anzahl von Hefezellen. Die Generationszeit von sogenannten „wilden" oder **Apiculatushefen,** die auch zahlreich auf Früchten vorhanden sind, ist wesentlich kürzer. Apiculatushefen (lat. apices = Spitzen) haben ihren Namen wegen ihrer zugespitzten Zellform erhalten. Zu dieser Gruppe gehören Hefen der unterschiedlichsten Gattungen.

HINWEIS! Hefen schmecken unterschiedlich

Jede Heferasse bildet unabhängig von der Fruchtsorte bestimmte Aromastoffe, die den Geschmack und die Qualität des Weines beeinflussen.

Zusatz von Reinzuchthefekulturen

Die Anwesenheit von Apiculatushefen sollte möglichst vermieden werden, da diese den gebildeten Alkohol als Kohlenstoffquelle verwerten und abbauen und typische Aromastoffe bilden, die im Wein einen Fehlgeruch bzw. -geschmack hervorrufen und ihn somit meistens verderben. Eine Ausnahme bildet der Frankfurter Äppelwoi, der seinen typischen Geschmack den Stoffwechselprodukten von „wilden" Hefen verdankt. Um während einer Gärung diese unerwünschten Heferassen zu unterdrücken, gibt man schon zum Ansatz Reinzuchthefekulturen, sodass diese zu Beginn zahlenmäßig im Überschuss vorliegen und im weiteren Gärverlauf die anderen Mikroorganismen völlig unterdrücken. Schwefel verstärkt diesen gewünschten Effekt.

Daher ist die sofortige Schwefelung des Ansatzes mit Kaliumpyrosulfit eine elegante Methode, eine möglichst schnelle und reine Gärung zu bekommen. Die meisten Mikroorganismen und besonders die wilden Hefen reagieren empfindlich auf diese Substanz, wogegen die **Reinzuchtheferassen** eine große Toleranz gegenüber Kaliumpyrosulfit besitzen. Daher werden diese Weinhefen auch häufig als *Sulfithefen* bezeichnet.

HINWEIS! Sulfitverträglichkeit

Reinzuchthefen besitzen eine große Toleranz gegenüber Kaliumpyrosulfit (Schwefel).

Anforderungen an Reinzuchtheferassen:

- große Toleranz gegenüber Kaliumpyrosulfit
- Lieferung möglichst reiner Gärprodukte
- hohe Gärgeschwindigkeit in möglichst weiten Temperaturbereichen
- Produktion großer Mengen an Glyzerin – erhöht die Vollmundigkeit des Weines

Die Sulfitverträglichkeit ist also eine Eigenschaft, die ein Reinzuchthefestamm unbedingt besitzen muss. Weiterhin sollte die Hefe möglichst reine Gärprodukte liefern und relativ große Mengen an Glyzerin produzieren, da dieses die Vollmundigkeit des Weines erhöht.

Ein weiteres Kriterium bei der Auswahl von Reinzuchtheferassen ist eine hohe Gärgeschwindigkeit in möglichst weiten Temperaturbereichen. Das ist besonders wichtig für den Hausweinbereiter, weil ja nicht immer eine vorgegebene Temperatur konstant eingehalten werden kann. Entsprechend ihres Temperaturoptimums unterscheidet man **Kaltgärhefen**, die bis zu einer Temperatur von nahezu 0 °C noch Gäraktivität zeigen, von den normalen Weinhefen, deren Temperaturoptimum bei 25–30 °C liegt, das heißt, in diesem Bereich zeigen die Hefen die größte Gäraktivität. Bei Temperaturen ab 35 °C besteht schon die Gefahr, dass die zelleigenen Proteine der Hefen denaturieren und somit die Zellen absterben.

Nicht zuletzt müssen die Weinhefen natürlich eine gute Alkoholverträglichkeit aufweisen, um nicht zu früh an ihren eigenen Stoffwechselprodukten zugrunde zu gehen. Die meisten Mikroorganismen sterben bei einem geringen Alkoholgehalt ab. Die Apiculatushefen, die selber bis zu 11 Vol.-% Alkohol bilden können, sterben oberhalb dieser Grenze auch ab. Produziert man Fruchtdessertweine mit über 13 Vol.-% Alkohol, ist die Gefahr des Verderbens durch schädliche Mikroorganismen so gering, dass sich diese Weine ohne weiteres viele Jahre lang lagern lassen. Will man ganz sicher gehen, dass auch ein nicht so hochprozentiger Wein lange haltbar ist, kann man ihm Konservierungsmittel in Form von Kaliumsorbat zusetzen.

Die meisten erhältlichen Dessert-Reinzuchthefen erreichen einen Alkoholgehalt von 15 Vol.-%. Es gibt sogar Stämme, die bis maximal 18 Vol.-% produzieren können. Den absoluten Rekord hält eine spezielle Sake-Hefe für die Herstellung von Reiswein, die einen Alkoholgehalt von 20 Vol.-% erzeugen kann.

Die im Fachhandel erhältlichen Reinzuchthefen gibt es in flüssiger Form oder als Trockenhefe, in beiden Fällen keimfrei verpackt. Geöffnete Flüssighefefläschchen sind sofort und angebrochene Trockenhefepackungen möglichst schnell zu verbrauchen. Für den Hobbywinzer empfiehlt sich Trockenhefe, die es auch in kleinen 5-g- bzw. 7-g-Packungen gibt. Diese Menge reicht für bis zu 50 l Weinansatz und man vermeidet so angebrochene Packungen.

Die folgende Tabelle gibt die Alkoholtoleranz der häufigsten Heferassen an.

Alkoholtoleranz unterschiedlicher Heferassen

Heferasse	Alkoholtoleranz
Asmannshausen	7–9 Vol.-%
Beaujolais	12–15 Vol.-%
Bernkastel	6–8 Vol.-%
Bordeaux	12–15 Vol.-%
Burgunder	12–15 Vol.-%
Chablis	12–15 Vol.-%
Champagne	12–15 Vol.-%
Claret	12–15 Vol.-%
Haut Sauternes	12–15 Vol.-%
Hock	9–11 Vol.-%
Liebfrauenmilch	9–11 Vol.-%
Madeira	15–18 Vol.-%
Malaga	12–15 Vol.-%
Marsala	15–18 Vol.-%
Portwein	12–15 Vol.-%
Saar	9–11 Vol.-%
Samos	12–15 Vol.-%
Sherry	12–15 Vol.-%
Steinberg	9–12 Vol.-%
Tarragona	14–16 Vol.-%
Tokajer	12–16 Vol.-%

Flüssighefen sind, auch bei kühler Lagerung, nicht so lange haltbar wie Trockenhefen. Da mit Beginn der Abfüllung die Zahl der lebenden Hefezellen schon langsam abnimmt, sollte man beim Kauf darauf achten, dass die Hefe möglichst frisch bzw. das Haltbarkeitsdatum nicht überschritten ist. Denn je älter die Kultur ist, umso langsamer und schwerer beginnt die Gärung. Hefestämme, die in stark belüfteten Kulturen vermehrt worden sind, bilden mehr Alkohol als die aus unbelüfteten Kulturgefäßen.

HINWEIS! Reinzuchthefen

Reinzuchthefen gibt es in flüssiger Form oder als Trockenhefe. Trockenhefe ist länger haltbar und für den Hobbywinzer besser geeignet, solange mit einem Hefeansatz (siehe rechte Spalte) gearbeitet wird.

Leider ist auf den Packungsbeilagen der Hefekulturen nie ein Hinweis auf den maximalen Alkoholgehalt, den die Vergärung mit der entsprechenden Heferasse erzielen kann, vermerkt.

Manche Hersteller verwenden eigene Namen für ihre Hefen und daher kann man hier nur die Herstellerangaben bezüglich der Alkoholtoleranz heranziehen.

Pasteurisation

Eine weitere Methode, schädliche Mikroorganismen aus dem Gäransatz zu entfernen, ist die Pasteurisation des Saftes, das heißt, der Ansatz muss 30–40 Sekunden lang auf einer Temperatur von 71–74 °C gehalten werden. Dem dann nahezu keimfreien, abgekühlten Saft kann die Reinzuchthefe zugesetzt werden. Diese sichere Methode ist allerdings für den Hobbywinzer sehr aufwendig, bereitet vor allem bei größeren Ansätzen Schwierigkeiten und ist auch wegen potentieller geschmacklicher Einbußen in der Regel nicht zu empfehlen.

Gäransatz/Hefeansatz

Bei der Verwendung von flüssiger Reinzuchthefe empfiehlt es sich, dass man die Zellen vor der Zugabe zum Weinansatz weiter vermehrt und den sogenannten Hefeansatz bildet. Dies geschieht folgendermaßen: Ein Fläschchen Flüssighefe, welches für 25–50 l Wein ausreicht, gibt man, nachdem man es gut geschüttelt hat und sich alle abgesetzten Hefezellen vom Gefäßboden gelöst haben, zu einem halben bis einem Liter pasteurisiertem Fruchtsaft unter Zugabe von 0,5–1 g Hefenährsalz. Danach verschließt man das Gefäß mit einem Wattestopfen oder mit Zellstoff, damit keine Verunreinigungen hineingelangen und das bei der Gärung entstehende Kohlendioxid entweichen kann, und stellt es warm (25–30 °C).

Nach zwei bis vier Tagen haben sich die Hefezellen genügend vermehrt und zeigen hohe Gäraktivität, die an der starken Schaumbildung zu erkennen ist. Diesen Gäransatz gibt man nun zu der Maische oder dem Saft und nach ein bis zwei Tagen sollte die Gärung in vollem Gange sein. Die maximale Anzahl von Hefezellen, die man in einem Gäransatz erreichen kann, sind 100 Millionen Zellen pro Milliliter. Die Menge des Gäransatzes sollte 1–5 Prozent des zu vergärenden Mostes ausmachen. Bei der Verwendung von Trockenhefe kann man auf den Gäransatz verzichten. Ebenso braucht man eventuell auch kein Hefenährsalz hinzuzufügen, wenn dieses im Trockengranulat bereits enthalten ist (Packungsaufschrift beachten). Die Trockenhefe sollte man in einem Glas mit lauwarmem Wasser etwa eine halbe Stunde vorquellen lassen, bevor man sie dem Weinansatz zusetzt. Dieses Vorquellen ist aber nicht unbedingt notwendig. Wenn die Menge an Trockenhefe laut Packungsangabe für den Weinansatz nicht ausreicht, kann auch hier die Hefe vorab mit einem Hefeansatz vermehrt werden.

Die alkoholische Gärung erfolgt wie zuvor beschrieben unter Luftabschluss. Für die Vermehrung der Hefezellen vor der Gärung ist Luft jedoch vorteilhaft, daher empfiehlt es sich, den Hefeansatz regelmäßig zu schütteln.

TIPP! „Hefebombe" vermeiden

Verwenden Sie gebrauchte, ausgewaschene Plastikflaschen zur Vermehrung der Hefe für ihren Hefeansatz. So können Sie die Falsche zuschrauben und regelmäßig schütteln, nur ist danach darauf zu achten, den Verschluss unbedingt wieder aufzudrehen, um eine „Hefebombe" zu vermeiden. Ein halb aufgeschraubter Verschluss bietet hier die Möglichkeit, dass CO_2 entweichen kann, gleichzeitig aber keine Insekten in die Flasche gelangen können.

Zu Beginn einer sehr heftigen Gärung wird das Gärgefäß nur mit Zellstoff verschlossen, damit keine Verunreinigungen hineingelangen können, aber Kohlendioxid entweichen kann. © G. Lehari

Die benötigten Mengen liegen bei 0,5–1 g Trockenhefe pro 10 l Maische oder Saft. Die Gärung setzt auch recht schnell nach ein paar Stunden bis maximal in ein bis zwei Tagen ein.

Wachstum von Mikroorganismenkulturen

Um den Gärverlauf der alkoholischen Gärung durch Hefen verstehen zu können, muss man zunächst einen Einblick in das dynamische Wachstumsverhalten von Mikroorganismenkulturen erhalten. Mikroorganismen lassen sich in Nährmedien vermehren, die alle Stoffe aufweisen, die der entsprechende Organismus zur Zellteilung benötigt, das heißt diejenigen Substanzen, die durch den Abbau im Stoffwechsel die zum Wachstum notwendigen Stoffe und Energie liefern. Die meisten Kulturmedien bestehen aus über 90 Prozent Wasser. Anspruchslose Mikroorganismen vermehren sich schon in Nährlösungen, die einfache organische Verbindungen (z. B. Glukose) als Kohlenstoffquelle und Ammoniumverbindungen als Stickstoffquelle enthalten. Weiterhin müssen verschiedene Salze und einige Spurenelemente in der Lösung vorhanden sein. Anspruchsvollere Mikroorganismen benötigen zusätzlich noch verschiedene Wuchsstoffe wie Aminosäuren und Vitamine. Hierin liegt auch der Grund, warum Hefen nicht einfaches Zuckerwasser zu Wein vergären können.

Hefenährsalze

Um den Nährstoffbedarf der Reinzuchthefe zu decken, ist es unbedingt notwendig, dem Ansatz Hefenährsalz zuzufügen, weil in den verwendeten Früchten meistens nicht genügend der für die Hefen lebenswichtigen Salze vorhanden sind.

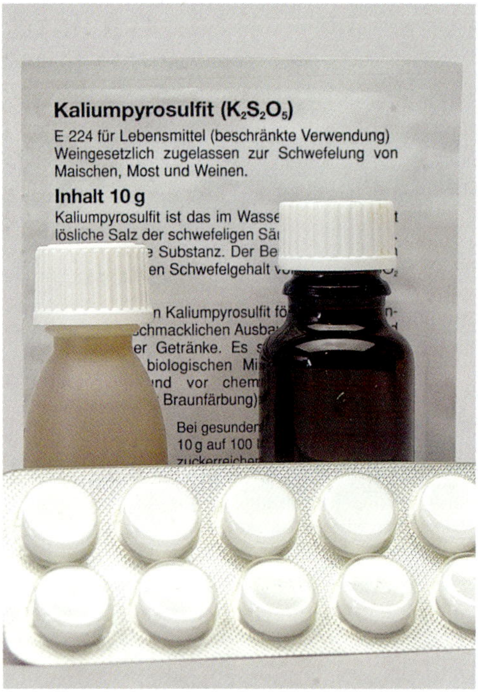

Bei Flüssighefe muss Hefenährsalz (hier in Tablettenform) ergänzt werden. Eine Schwefelung mit Kaliumpyrosulfit ist immer zu empfehlen.
© G. Lehari

Da man nie sicher sein kann, ob in dem zu vergärenden Rohstoff alle für das Wachstum der Hefen notwendigen Substanzen vorhanden sind, setzt man bei der Verwendung von Flüssighefe zu Beginn der Gärung immer Hefenährsalz zu. Diese fertige Mischung aus verschiedenen für die Hefe lebensnotwendigen Salzen kann man in 10-g-Tütchen oder in Tabletten zu je 1 g kaufen. Höher als 4 g pro 10 l sollte man nicht dosieren, da sonst der Wein einen Salzgeschmack von dem nicht verbrauchten Restsalz bekommen kann.

Alternativ dazu kann man größere Mengen **Diammoniumphosphat** und **Ammoniumsulfat** lose kaufen und – im Verhältnis 1:1 gemischt – anstatt Hefenährsalz in derselben Dosierung verwenden. Diese preiswertere Methode ist bei der Produktion größerer Weinmengen zu empfehlen. Allerdings müssen die Salze trocken aufbewahrt werden, da sie sehr hygroskopisch (wasseranziehend) sind und schnell verklumpen und somit unbrauchbar werden.

Wachstum bedeutet für Mikroorganismen eine Vergrößerung der Zelle und eine nachfolgende Teilung in zwei Tochterzellen, das heißt, wenn sich jede Zelle einer Kultur einmal teilt, verdoppelt sich die Gesamtzellzahl. Die Generationszeit, die Zeit also, in der sich die Zellzahl verdoppelt, kann bei einigen Bakterienarten nur 20 Minuten betragen. Bei der Weinhefe beträgt die Generationszeit vier bis fünf Stunden.

Die im Handel erhältlichen Flüssighefen befinden sich in einer Ruhephase, in der sie sich nicht vermehren und keine Stoffwechselaktivität zeigen. Beimpft man den zu vergärenden Most mit solch einer Kultur, durchlaufen die Hefezellen zunächst eine **Anlaufphase**, in der sie sich an die neue Umgebung anpassen und in der noch kein Wachstum stattfindet. Sind in dem Ansatz alle notwendigen Nährstoffe vorhanden, beginnt nach einiger Zeit, die abhängig von der Qualität bzw. dem Alter der Hefekultur ist, die Vermehrung der Zellen.

HINWEIS! Hefenährsalz

Neben Reinzuchthefe sollte man der Maische auch immer Hefenährsalz hinzufügen. Auch wenn manche Weinansätze dies nicht benötigen, bringt eine geringe Menge Sicherheit ohne wirkliche Nachteile.

Die **Vermehrung** der Zellen geht mit einer erhöhten Stoffwechselaktivität einher, was man an der lebhaften Gärung erkennt. In dieser Phase entspricht die Vermehrungsrate der Hefezellen einem exponentiellen Wachstum, welches erst beendet wird, wenn nicht mehr genügend Nährstoffe vorhanden sind oder wenn sich für die Hefen schädliche Stoffwechselprodukte (in diesem Fall Ethanol) anhäufen und die von den Zellen tolerierbare Konzentration überschreiten. Die Hefekultur befindet sich dann zunächst in einer **stationären Phase**, in der keine Zunahme der Zellzahl mehr zu verzeichnen ist. Danach geht die Kultur in die **Absterbephase** über, sodass schließlich die Zahl der lebenden Zellen abnimmt. Der Wachstumsverlauf von Trockenhefe findet entsprechend statt, mit dem Unterschied, dass die Anlaufphase wesentlich kürzer ist als bei der Flüssighefe. Daher ist es auch nicht notwendig, beim Einsatz von Trockenhefe einen Gäransatz zur Vermehrung der Zellen anzusetzen, was bei Gärungen mit Flüssighefe unbedingt zu empfehlen ist.

TIPP! Gäransatz

Bei Verwendung von Trockenhefe ist ein Gäransatz nicht unbedingt notwendig, aber – wenn die Zeit dazu vorhanden ist – trotzdem zu empfehlen.

Ober- und untergärige Hefen

Eine weitere Unterscheidung von Hefen erfolgt über die Einteilung in ober- und untergärige Hefen. Zur Herstellung von Wein und Bier werden meistens untergärige Hefen verwendet, das heißt, die Hefen lagern sich nach Beendigung der Gärung als lockerer Bodensatz ab. Obergärige Hefen werden bei der industriellen Maischevergärung eingesetzt, spielen aber für den Hobbywinzer keine Rolle. Diese Heferassen verteilen sich nach Beendigung der Gärung im Gärsubstrat und haben gelegentlich sogar Auftrieb.

Die Handhabung von Trockenhefen ist einfacher und bedarf keiner längeren Vorbereitung, sodass man kurzfristig die Gärung eines Weines starten kann. Die Verwendung von Trockenhefe ist außerdem preiswerter. Vor ca. 10–20 Jahren war Flüssighefe im Gegensatz zur Trockenhefe bei jedem Fachhändler erhältlich; heutzutage ist Trockenhefe verbreiteter.

Bei beiden Typen von Hefen kann man unter verschiedenen Heferassen wählen, sodass durch die Verwendung einer bestimmten Rasse dem Wein ein spezielles Aroma verliehen wird.

HINWEIS: Trocken- oder Flüssighefe?

Die Entscheidung, ob man Flüssig- oder Trockenhefe verwenden soll, hängt davon ab, was der Weinbereiter von den Hefen erwartet.

Aromabildung

Als Aromastoffe bezeichnet man Substanzen, die schon in geringen Konzentrationen den Geschmack des Weines beeinflussen. Chemisch betrachtet gehören sie verschiedenen Stoffgruppen an. Die Vorstufe des Ethanols, der Acetaldehyd, liegt teilweise auch in freier Form vor, wird aber in den meisten Fällen aus verschiedenen Gründen aus dem Wein entfernt.

Dies geschieht durch den Zusatz von Kaliumpyrosulfit, welches mit dem Acetaldehyd eine schwer lösliche Verbindung eingeht. Acetaldehyd sollte in freier Form nicht vorliegen, da er dem Wein den typischen

Luftgeschmack gibt, was nur bei der Sherryisierung wünschenswert ist. Weiterhin wird durch das teilweise Abfangen des Acetaldehyds ein Umlenken des Zuckerabbaus bewirkt, wodurch als zusätzliches Endprodukt Glyzerin entsteht, was dem Fruchtwein eine gewisse Vollmundigkeit verleiht.

WICHTIG! Luft und Wein

Luft beeinträchtigt das Aroma des fertigen Weines wesentlich, was im Normalfall unerwünscht ist. Nur beim Sherry wird der „Luftgeschmack" angestrebt.

Weitere Aromabildner sind andere Nebenprodukte des Hefestoffwechsels, wie Fuselalkohole, Fettsäuren und Ester. Die wichtigsten Fuselalkohole in alkoholischen Getränken sind Propanol, Isobutanol und Isoamylalkohol. Fettsäuren sind langkettige organische Säuren. Ester nennt man die Verbindung von Säuren und Alkoholen. Der wichtigste im Wein vorkommende, aromabildende Ester ist Ethylacetat.

Alle diese Stoffe tragen neben dem Ethanol, dem Glyzerin und den Fruchtaromastoffen zum Geschmack und Bukett des Weines bei. Jede Heferasse bildet ein typisches Spektrum von Aromastoffen, sodass jeder Wein, der von einer bestimmten Heferasse vergoren wurde, unabhängig von der verwendeten Fruchtsorte, ein typisches Aroma aufweist.

Aromaveränderungen

Aromastoffe verleihen den alkoholischen Getränken den typischen Geschmack bei Konzentrationen von 0,1–1 g/l.

Die Veränderung des Aromas während der Lagerung geschieht unabhängig vom verwendeten Reinzuchthefestamm. Im Laufe der Jahre werden die Aromastoffe durch chemische Prozesse verändert, wobei dann häufig aromatische Aldehyde entstehen. Lagert man einen guten Fruchtwein über längere Zeit und probiert in regelmäßigen Abständen eine Flasche, wird man feststellen, wie das Aroma im Laufe der Zeit immer milder und abgerundeter wird. Ein frisch abgefüllter Wein schmeckt dagegen noch sehr spritzig und hart.

Auch die Lagertemperatur hat einen wesentlichen Einfluss auf die Armomaveränderung. Hohe Temperaturen beschleunigen die Alterung. Die beste Lagertemperatur für Wein ist 12°C. Licht zerstört das Aroma im Wein, vor allem wenn weiße Flaschen verwendet wurden, daher ist ein kühler und dunkler Lagerort notwendig.

HINWEIS! Lagerung und Aroma

Die Art der Lagerung verändert das Aroma des abgefüllten Weines. Daher ist ein lichtgeschützter und kühler Lagerort für die Weinflaschen notwendig.

Lagert man Wein in Eichenfässern, reagiert das im Holz enthaltene Lignin mit den vorhandenen Aromabildnern und verändert auf diese Weise den Geschmack. Diese Aromaveränderung ist nicht jedermanns Sache und häufig erkennt man den ins Fass abgefüllten Fruchtwein hinterher nicht wieder.

Weinfachsprache

Bei traditionellen Traubenweinen unterscheidet man drei Aromakategorien: Primäraromen, Sekundäraromen und Tertiäraromen. Dies kann man auch auf Fruchtweine übertragen.

Die Früchte sind für das sogenannte **Primäraroma** eines Weines verantwortlich.

Dies sind die vordergründigen Fruchtaromen, die den Charakter des Weines prägen.

Die Aromen, die bei der Vergärung und der anfänglichen Lagerung – auch Ausbau genannt – entstehen, nennt man in der Weinfachsprache die **Sekundäraromen**. Hier bestimmt also das Handwerk des Fruchtweinwinzers den Wein, je nachdem welche Methoden er einsetzt.

Die Aromen, die durch die Lagerung im Fass oder in der Flasche entstehen, nennt man auch die **Tertiäraromen**. Das anfänglich frische Aroma bekommt mir der Zeit Trockenfrüchte- oder auch Sherry-Noten.

HINWEIS! Aromen

Die Weinfachsprache unterscheidet Primäraromen (bestimmt durch die Frucht), Sekundäraromen (entstehen durch die Vergärung und den Ausbau im Fass) und Tertiäraromen (entstehen durch die längere Lagerung).

Tannin

Nicht zuletzt sollte man den Tanningehalt des Weins beachten. Tannin oder Gerbsäure ist eine organische Verbindung, die in Baumrinden, Holz, Wurzeln und Stielen vieler Pflanzen vorkommt, so auch in Weintrauben und anderen Früchten, wie Äpfeln, Aprikosen, Bananen, Birnen, Blaubeeren, Holunderbeeren, Pfirsichen, Pflaumen und vor allem Schlehen.

Gerbsäure wirkt adstringierend, das heißt sie hinterlässt im Mund einen zusammenziehenden Geschmack. Der Tanningehalt ist bei jenen Weinen besonders hoch, bei denen die Stiele der Früchte mitvergoren wurden. Weine, die in Eichenfässern gelagert werden, nehmen noch zusätzliche Gerbstoffe aus dem Holz auf.

Nach einigen Jahren Lagerung beginnt sich die Gerbsäure als Trub abzusetzen. Daher sollten gute Weine, die lange gelagert werden, von vornherein einen etwas höheren Tanningehalt besitzen.

Wie viel Gerbsäure ein Wein enthalten soll, lässt sich pauschal nicht beantworten. Der Hobbyweinbereiter muss sich hier auf seinen Geschmack und seine Erfahrung verlassen. Ein Wein mit zu wenig Gerbsäure schmeckt fade und matt. Zu viel Gerbsäure macht den Wein rau und hart, was allerdings durch eine lange Lagerzeit kompensiert wird.

Blütenblätter, Getreide und Kräuter enthalten kein Tannin. Will man aus diesen Rohstoffen Wein bereiten, kann man zur Geschmacksverbesserung und zur Verlängerung der Haltbarkeit (eine weitere Eigenschaft der Gerbsäure) Tannin in Form von **Trauben-Tannin-Pulver** zufügen. Ein halber bis ein Teelöffel voll auf 10 l sind ausreichend, wobei immer die Packungsbeilage zu beachten ist.

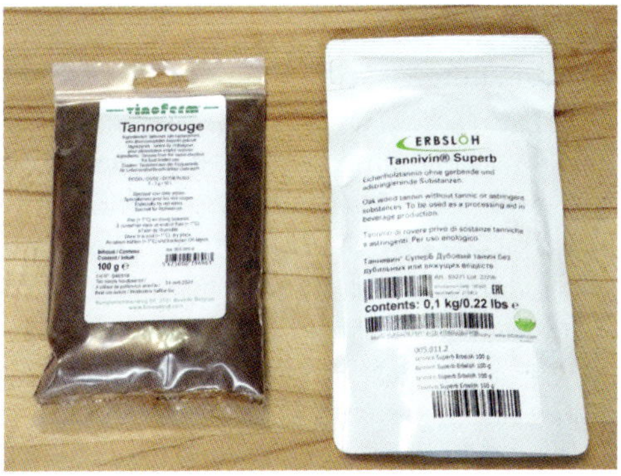

Tannin-Pulver © C. Narzt

Am Markt gibt es mittlerweile eine Fülle von verschiedenen Tannin-Pulvern, vor allem wird zwischen Weißwein- und Rotwein-Tanninzusätzen unterschieden. Der Fruchtweinbereiter kann hier ganz einfach nach der Farbe des Fruchtsaftes gehen. Für Kernobstweine eignen sich eher Weißwein-Tannine, während für dunkle Beerenweine die Tannine, die für Rotweine angeboten werden, besser geeignet sind. Aber dieser Unterschied ist nicht maßgeblich, die Menge an Tannin ist viel wesentlicher. Generell sollte man unbedingt Vorversuche mit einer geringen Menge Wein durchführen, bevor man Tannin-Pulver in den ganzen Weinbehälter gibt. Lange warten muss man bei derartigen Vorversuchen übrigens nicht, der Effekt ist praktisch unmittelbar zu schmecken.

HINWEIS! Zusatz von Tannin

Bei Rohstoffen, die keine Gerbsäure enthalten, muss Tannin zugesetzt werden.

Eine andere Möglichkeit, einen zu niedrigen Tanningehalt auszugleichen, ist der Zusatz von sehr starkem, kaltem **Schwarzen Tee**, wobei man zwischen einem Teelöffel und einer halben Tasse auf 10 l dosieren kann. Bei Früchten, die Gerbsäure enthalten, ist ein Zusatz gewöhnlich nicht notwendig, da während des Vergärens die gesamte Gerbsäure aus den Früchten extrahiert wird. Tannin fördert die Klärung des Weines und wird daher auch als Schönungsmittel verwendet.

Der Gärverlauf

Es sei nochmals darauf hingewiesen, dass man die Hefe erst zum Ansatz geben soll, wenn dieser nicht mehr wärmer als 30 °C ist, da sonst die Hefezellen absterben.

Gärverschlüsse

Sind nun alle Zutaten in das Gärgefäß eingefüllt, muss dieses verschlossen werden, und zwar so, dass das bei der Gärung entstehende Kohlendioxid hinaus-, aber kein Luftsauerstoff hineingelangen kann. Dieses Einwegsystem ist notwendig, damit keine Keime oder Insekten in den Wein gelangen und ihn verderben.

Hierzu verschließt man den Gärballon zunächst mit einer Gummikappe mit Bohrung. Diese Gummikappen gibt es passend für jede Ballongröße. Alternativ kann man auch einen Gummi-, Silikon- oder Korkstopfen mit Loch verwenden. Die Bohrung muss exakt so groß sein, dass ein Gärröhrchen fest darin eingepasst werden kann. Im Handel gibt es verschiedene Typen von solchen Gärspunden.

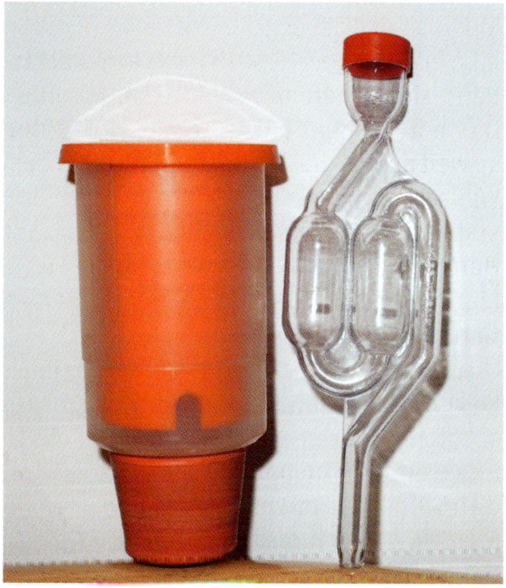

Gärspunde sind zumeist aus Kunststoff.
© C. Narzt

Das geschwungene Glasrohr wird bis zu einer Markierung mit Wasser aufgefüllt. Entweder man verwendet dafür hochwertiges Leitungswasser, destilliertes Wasser oder – vor allem am Ende der Gärung – eine Schwefel-Säure-Lösung (siehe unten). Das Entweichen des bei der Gärung entstehenden Kohlendioxids erkennt man an den

Gasblasen, die durch das Wasser hindurch aufsteigen. Diese Gärröhrchenform entspricht den ursprünglichen Gäraufsätzen und mutet etwas nostalgisch an. Nachteilig ist, dass das Wasser bei heftiger Gärung aus dem Gärrohr herausspritzen kann und man daher den Wasserstand laufend kontrollieren und korrigieren muss, um die Ventilfunktion aufrechtzuerhalten. Diese Art Gärröhrchen werden mittlerweile meistens aus Kunststoff angeboten.

Der wohl am häufigsten benutzte Gärröhrchentyp besteht ebenso aus Kunststoff, arbeitet aber nach einem etwas anderen Prinzip.

Auf ein auch bis zu einer bestimmten Markierung mit Wasser gefülltes Röhrchen setzt man ein Hütchen, dessen unterer gezackter Rand sich vollständig im Wasser befindet. Das entweichende Gas hebt das Hütchen so weit an, bis die Zacken teilweise aus dem Wasser herausragen, gelangt durch die entstandenen Öffnungen nach außen und das Hütchen fällt zurück. Dabei entsteht jedes Mal ein leises Klickgeräusch. Je heftiger die Gärung abläuft, desto häufiger „klickt“ es.

Um die Verunreinigungsgefahr noch weiter zu verringern, kann man das Mittelrohr zusätzlich mit einem Wattestopfen versehen.

Die einzige Ausnahme, bei der man kein Gärröhrchen verwendet, ist die offene Maischegärung. Man verzichtet während der ersten Tage, wenn die Gärung sehr lebhaft verläuft, auf einen Gärverschluss, wenn kontinuierlich der bei der Gärung entstehende Schaum aus dem Gefäß austritt. Solange dieser Schaum herausquillt, besteht keine Infektionsgefahr für den Wein. Sobald aber die Gärung ruhiger verläuft, sollte man das Gefäß wie üblich verschließen. Diese teilweise offene Vergärung kann z. B. bei Schlehen, Bananen und Blütenblättern ratsam sein.

Den verschlossenen Gärbehälter stellt man nun in einen warmen Raum, dessen Temperatur bei 20–25 °C liegen sollte. Starker Lichteinfall ist zu vermeiden, weil besonders rote Weine dadurch in ihrer Farbe verändert werden können. Zusätzlichen Schutz davor bietet die Verwendung von grünen Gärballons.

Im späteren Verlauf der Gärung bzw. nach der Gärung, wenn man vor hat, den Wein vor der Abfüllung etwas länger zu lagern, empfiehlt es sich, nicht nur reines Wasser für das Gärröhrchen zu verwenden. Luft und auch Insekten sind eine Gefahr für den jungen Wein. Daher sollte man hier dem Wasser für das Gärröhrchen Schwefel und Säure hinzuzufügen, also **schweflige Säure** verwenden. Die Dosierung kann auch etwas höher sein als die, die für die Desinfektion der Flaschen verwendet wird (siehe Kapitel Abfüllung, S. 83). Für die **Gärspundflüssigkeit** sollten also auf 1 l Wasser mind. 40 g Kaliumdisulfit mit 15 g Zitronensäure vermischt werden. (Tipp: Warmes Wasser beschleunigt die Auflösung der Pulver.)

WICHTIG! Licht aufs Gärgefäß

Lichteinwirkung kann die Färbung des Weines verändern. Daher ist direktes Sonnenlicht auf nicht lichtdichte Gärbehältnisse zu vermeiden.

Ein bis zwei, aber höchstens fünf Tage nach Zusatz der Trockenhefe bzw. des Göransatzes sollte die Gärung in vollem Gange sein. Während der Gärung wird chemische Reaktionswärme erzeugt, die allerdings bei haushaltsüblichen Mengen einen Anstieg der Gärguttemperatur von nur wenigen Grad bewirkt. Trotzdem sollte man kontrollieren, dass 30 °C nicht überschritten werden.

Bei ausbleibender oder stockender Gärung

Sollte die Gärung nicht in Gang kommen oder nach kurzer Zeit stocken, muss man zunächst überprüfen, ob man alle notwendigen Zutaten hinzugegeben hat und ob die Umweltfaktoren stimmen:

- Stimmen Zucker- und Säuregehalt? Beim Gärstart nicht zu viel Zucker verwenden!
- War die Reinzuchthefe in Ordnung? Geeignete Hefe riecht gut, ein Essig- oder Lösungsmittelgeruch darf nicht sein!
- Wurde Hefenährsalz zugesetzt? Ein rascher Gärstart ist wichtig!
- Stimmt die Temperatur? Ohne spezielle Kaltgärhefe sollten es schon mind. 20 °C sein – aber nicht mehr als 30 °C!

Hat man bis hierher keinen Fehler gefunden, gibt es noch eine Möglichkeit, woran es liegen kann. Führt man eine Saftgärung mit sehr klarem Saft, wie z. B. bei der Met-Herstellung, durch, kann der Grund für eine schlechte Gärung ein Mangel an Trubstoffen sein. Die Hefezellen benötigen eine gewisse Menge Trubteilchen, an die sie sich anheften können und mit denen sie durch das Gärgut treiben. Abhilfe schafft in diesem Falle die Zugabe von etwas Mehl.

Während der Gärung schüttelt man täglich das Gärgefäß. Bei einer Maischegärung muss der nach oben aufsteigende Fruchtbrei durch Schütteln oder Herunterdrücken möglichst oft gut verteilt werden. Der Fruchtbrei sollte so lange im Gärgut verbleiben, bis Farbe und Aromastoffe herausgelöst worden sind. Dies ist normalerweise nach ein bis zwei Wochen der Fall. Man presst nun – aber spätestens nach drei Wochen – die Maische ab. Das Gärgut kann dann gegebenenfalls in einen kleineren Ballon gefüllt werden, da die weitere Gärung nicht mehr von starker Schaumbildung begleitet ist. Außerdem ist es von Vorteil, wenn der Luftraum über dem Gärgut möglichst klein gehalten wird, um die Infektionsgefahr zu verringern und Luftgeschmack zu vermeiden.

Der Gärverschluss lässt Gas entweichen, verhindert aber, dass Luft in das Gärgefäß gelangt.

Gegen Ende der Gärung sieht man nur noch winzige Kohlendioxidbläschen aufsteigen.

Von nun an unterscheidet sich die Maischegärung nicht mehr von der Saftgärung. Die anfangs sehr heftige Gäraktivität nimmt mit der Zeit immer mehr ab. Steigt auch nach kräftigem Schütteln kein Gas mehr auf, ist die Gärung beendet.

Will man einen höherprozentigen Dessertwein mit mehr als 13 Vol.-% Alkohol erzeugen, empfiehlt sich die Gärführung durch staffelweises Zuckern.

Um einen möglichst hohen Alkoholgehalt zu erreichen, muss man sehr stark aufzuckern. Dadurch steigt der osmotische Druck des Saftes an und kann die Hefezellen eventuell in ihrer Stoffwechselaktivität hemmen. Um dieses zu vermeiden, teilt man die errechnete Menge an Zuckerlösung in drei gleiche Teile und gibt zum Weinansatz anfangs nur ein Drittel. Die anderen beiden Drittel werden jeweils nach fünf Tagen bzw. bei einsetzender stockender Gärung zugesetzt. Mit dieser Methode ist eine optimale Alkoholausbeute gewährleistet.

ABSTICH UND KLÄRUNG

Nach Beendigung der Gärung bringt man den Gärbehälter in einen kühlen Raum und lässt ihn ruhig stehen, damit sich die abgestorbenen Hefezellen und Trubstoffe am Boden absetzen können. Ist dieser Bodensatz deutlich erkennbar, dekantiert man den Wein mit Hilfe eines Weinhebers, wobei darauf zu achten ist, dass kein Trub mitangesaugt wird. Lässt man den Wein zu lange auf der Hefe stehen, können geruchliche und geschmackliche Veränderungen (vgl. *Hefeböckser*) auftreten.

Weinheber

Ein Weinheber besteht aus einem an einem Ende gebogenen Kunststoffrohr, welches in den Ballon eingeführt wird, und einem Plastikschlauch, der an das gerade Ende des Rohres angesetzt wird und an seinem anderen Ende mit einem Absperrhahn versehen ist. An diesem Schlauchende saugt man den Wein an und lässt ihn in einen niedriger stehenden, sauberen Ballon oder in ein anderes Gefäß fließen. Mit dem Hahn lässt sich der Auslauf jederzeit verschließen, was besonders wichtig für die spätere Flaschenabfüllung ist.

Der im Ballon verbleibende Trub wird verworfen (auf den Kompost oder als Dünger im Gemüsegarten) und der Ballon wird gründlich gereinigt. Nach Kontrolle und eventueller Korrektur des Säuregehaltes füllt man den Wein wieder zurück in das Gärgefäß und schwefelt nochmal mit 0,5–1 g/10 l.

Seien Sie nicht enttäuscht, wenn der Wein zu diesem Zeitpunkt noch nicht so gut schmeckt. Das ist völlig normal!

Ist der Zucker vollständig vergoren, das heißt, ist kein Restzuckergehalt mehr vorhanden und möchte man daher den Wein etwas nachsüßen, wartet man damit am besten, bis der Wein klar ist, da dann mit einiger Sicherheit keine lebenden Hefezellen mehr vorhanden sind, die eine Nachgärung bewirken könnten. Will man allerdings ganz sicher eine Nachgärung vermeiden, sollte man so früh wie möglich nachzuckern, solange noch aktive Hefezellen vorhanden sind, die diesen in Alkohol umwandeln und somit Alkoholgehalt steigern. Ziel ist es die Alkoholtoleranz der Hefe zu erreichen um damit eine spätere Nachgärung in der Flasche zu verhindern.

Man lässt nun den Wein wieder so lange stehen, bis sich erneut Trub abgesetzt hat. Dann dekantiert man wie oben beschrieben wieder. Nach zwei bis drei Abstichen sollte der Wein klar sein. Man kann die Klärung noch verbessern, indem man zusätzlich schwefelt.

HINWEIS! Hefetrubentsorgung

Der Trub sollte nicht an Tiere verfüttert werden, da er noch viel Alkohol enthält. Am Komposthaufen bzw. in der Bio-Tonne ist der Hefetrub allerdings eine nährstoffreiche Zutat, wobei man bedenken sollte, dass Insekten vom Geruch stark angezogen werden.

Schönung & Klärung

Ist der Wein nach einem halben Jahr immer noch nicht klar, kann man verschiedene Klärungs- bzw. Schönungsmethoden anwenden.

Klärung

Häufig wird als einfache mechanische Klärmethode die Filtration mit einem Faltenfilter aus Papier angeführt. Persönliche Erfahrungen lassen aber davon abraten, da diese Filtrationen sehr lange dauern und der Wein auch nicht völlig klar wird. Filtrationen mit Kieselgur oder Perlit, wie sie industriell angewendet werden, scheinen bessere Ergebnisse zu erzielen, sind aber für den Hausweinbereiter zu aufwendig.

Filtration mit Papierschichtfiltern

Viele traditionelle Weinbauer verwenden Schichtenfilter mit speziellen Papierfilterschichten, um den Wein in mehreren Schritten – grob, fein, steril – zu filtrieren. Mittlerweile gibt es auch für den Hobbyweinbauer kleinere Modelle und wenn man klaren Wein erzeugen will, sollte man über die Investition in so ein Gerät ernsthaft nachdenken. Die maximal sinnvolle Größe für den Hobbywinzer sind hierbei Geräte mit 20 x 20-cm-Filterschichten, deren Anwendung aber erst bei Mengen ab 20 l Wein sinnvoll wird. Spezielle Geräte im Kleinformat sind im gut sortierten Fachhandel erhältlich, wo es auch passende Filterschichten (grob, fein und steril) gibt.

Normalerweise sollte man zuerst die Zeit für sich arbeiten lassen und warten, dass der Wein von selbst klärt. Der nächste Schritt ist eine Vorfiltration mit groben Filterschichten. Hier kann man nur die gröbsten Schichten, die man für seinen Filter bekommt, empfehlen. Zumeist reicht dieser Filtrationsschritt auch schon aus, um einen klaren Wein zu erzeugen. Wenn man seinen Wein verkaufen will, sollte man jedoch noch

Manchmal ist es notwendig, den fertigen Wein zu filtrieren, damit er sich besser klärt.
© G. Lehari

mindestens eine weitere Filtrierung mit Steril-Filterschichten durchführen. Diese Filterschichten lassen keine Hefezellen durch und verhindern so eine potentielle Nachgärung in der Flasche, wenn im Wein noch Restzucker vorhanden ist. Daher sollte hier vor der Abfüllung noch steril filtriert werden. Je nach Wein ist dazu vorher eine Filtration mit den zwischen Grob- und Sterilschichten einzuordnenden Fein-Filterschichten notwendig, da die Steril-Filterschichten sonst zu schnell verstopfen würden. Beim diesem letzten Filtriervorgang vor der Abfüllung, sollte der Ballon, in den man den Wein nach dem Filtern füllt, vorher nicht nur gut ausgewaschen, sondern auch desinfiziert werden. Dazu verwendet man am besten die gleiche schweflige Säure, die man auch zum Auswaschen der Flaschen verwendet (siehe Kapitel Abfüllung, S. 83).

Schönung

Wenn die Zeit und mechanische Methoden nicht helfen (z. B. der Filter verstopft sofort), dann sollte man die Durchführung einer Schönung abwägen. Unter Schönung versteht man die Klärung des Weines durch Zusatz bestimmter Stoffe, die sich an den die Trübung verursachenden Teilchen anheften und sich mit diesen zusammen am Boden absetzen. Dieses Phänomen beruht auf dem physikalischen Prinzip, dass sich unterschiedlich geladene Teilchen anziehen. Man wählt als Schönungsmittel eine Substanz, deren Teilchen entgegengesetzt der Trubteilchen geladen sind. Daher muss man zunächst wissen, um welche Art von Trübung es sich handelt, um richtig vorgehen zu können.

Positiv geladene Schönungsmittel setzt man bei Weinen ein, die viel Gerbstoff enthalten, da die Gerbstoffteilchen negativ geladen sind. Der Gerbstoffgehalt ist besonders in den Weinen recht hoch, die durch Maischegärung entstanden sind.

Als positiv geladene Schönungsmittel gelten **Hausenblase, Hühnereiweiß** (Eiklar) und **Gelatine**.

Heutzutage gibt es auch **vegane Alternativen aus Erbsenprotein** im Fachhandel.

Hausenblase ist die getrocknete Schwimmblase von Stör, Wels oder Hausen und wurde in pulverisierter Form früher häufig als Schönungsmittel verwendet. Da diese Substanz heute schwer zu beschaffen ist, sei auf eine weitere Beschreibung der Anwendung verzichtet. Es gibt andere wirkungsvolle Mittel, die im Handel leicht erhältlich sind.

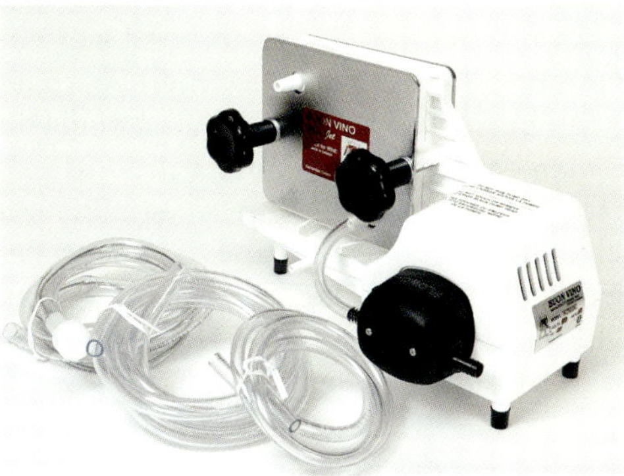

Miniatur-Papierschichtenfilter für den Hobbywinzer © Buon Vino Manufacturing Inc

20 x 20-cm-Papierschichtenfilter für die Filtration von Wein © C. Narzt

Das gebräuchlichste positiv geladene Schönungsmittel ist Gelatine, ein aus Knochen gewonnenes Protein, welches in Form von Blattgelatine oder als Pulver erhältlich ist. Blattgelatine muss zunächst vorgequollen werden, bevor sie, wie auch die pulverförmige Gelatine, in ca. 40 °C warmen Wein eingerührt wird. Man löst auf diese Weise 10 g Gelatine in 1 l Wein. Je nach Stärke der Trübung benötigt man 0,5–5 g Gelatine zur Klärung von 10 l Wein. Da dieses Verfahren aber auch den Wein entfärbt, sollte man bei roten Weinen höchstens 1 g pro 10 l zusetzen.

Gelatinepulver ist ein gebräuchliches Schönungsmittel. Heutzutage gibt es auch vegane Alternativen. © G. Lehari

Eine Trübung durch positiv geladene Teilchen liegt in gerbstoffarmen Weinen vor, die zu viel Eiweiß enthalten. Auch in recht klarem Wein können noch Eiweißmoleküle enthalten sein, die später zu einer Trübung führen. Zum Nachweis kann man eine Probe des Weines zwei bis drei Stunden bei 50–60 °C oder 24 Stunden bei 35–40 °C erhitzen. Ist dann keine Trübung aufgetreten, enthält der Wein keine thermolabilen Eiweiße, die ausgefällt werden müssen.

HINWEIS! Weinklärung

Die Schönung ist die Klärung des Weines durch Zusatz bestimmter Stoffe. Sie sind abhängig von der Ursache der Trübung.

Die Bekämpfung dieser Eiweißtrübung erfolgt durch Anwendung von negativ geladenen Schönungsmitteln.

Negativ geladene Schönungsmittel

Agar-Agar, ein aus Algen gewonnenes gelbliches Pulver, lässt man zunächst in Wasser vorquellen, kocht es dann auf und rührt es siedend in den Wein ein. Die benötigten Mengen liegen zwischen 0,5 und 2 g pro 10 Liter Wein.

Da in gerbstoffreichen Weinen diese Eiweißtrübung nicht auftritt, kann man sie auch durch Zusatz von **Tannin** (Gerbstoff) bekämpfen. Das Tannin bindet an das Eiweiß an und fällt mit diesem zusammen aus. Konzentrationen bis zu 1 g pro 10 Liter Wein sind zulässig. Man löst das Tannin zunächst in etwas Wein auf und rührt es dann in die Gesamtmenge ein. **Kieselsol** erhält man als 15-prozentige Lösung. Diese milchige Flüssigkeit wird direkt in den Wein eingerührt. Man kann Mengen bis zu 20 ml Kieselsol pro 10 Liter Wein zusetzen.

Bentonite sind Tone vulkanischen Ursprungs, die aus verschiedenen Silikaten bestehen. Bedingt durch die chemische Raumstruktur binden diese Moleküle normalerweise positiv geladene Metallionen, die allerdings während der Schönung gegen die positiv geladenen Eiweißmoleküle ausgetauscht werden. In der Weinindustrie wird Bentonit fast immer zur Schönung von Weißweinen verwendet. Man schönt 10 l Wein mit 5–50 g Bentonit. Die abgewogene Menge vermischt man mit der fünffachen Wassermenge klumpenfrei und lässt es einige Stunden quellen. Dann gießt man eventuell überschüssiges Wasser ab, rührt den Brei in etwas Wein ein und setzt diese Mischung dem zu klärenden Wein zu. Bentonit kann den Wein allerdings auch nachteilig beeinflussen, indem es ihm einen Erdgeschmack verleiht.

Flugschönung

Häufig werden Schönungen nicht nur mit einer Substanz durchgeführt, sondern man kombiniert bei der Klärung ein positiv und ein negativ geladenes Schönungsmittel miteinander, wobei sich die entgegengesetzt geladenen Teilchen gegenseitig anziehen, sich zusammenballen, die Trubteilchen umschließen und mit diesen zusammen zu Boden sinken. Dieses Verfahren nennt man auch Flugschönung.

Zwei gängige Methoden sind die **Tannin-Gelatine-Klärung** und die **Gelatine-Kieselsol-Klärung**.

Tannin-Gelatine-Klärung

Vor der Tannin-Gelatine-Klärung sollte auf alle Fälle ein enzymatischer Pektinabbau erfolgt sein, da sonst eine Nachtrübung auftreten kann. Bei diesem Verfahren nimmt man doppelt so viel Gelatine wie Tannin. Zunächst wird Tannin wie oben angegeben zugesetzt. Nach einem Tag fügt man dann die Gelatine hinzu. Diese Schönungsmethode kann die Farbintensität des Weines herabsetzen.

Kieselsol-Gelatine-Klärung

Bei der Kieselsol-Gelatine-Klärung verwendet man die Substanzen im Mengenverhältnis von 10:1, wenn 15-prozentiges Kieselsol vorliegt. Hier kann man schon kurze Zeit nach Zugabe des Kieselsols die Gelatine hinzufügen. Die Mengen der einzusetzenden Substanzen sind bisher nur vage angegeben worden. Da die optimale Konzentration der Schönungsmittel von Fall zu Fall verschieden ist, sollte man vor jeder Schönung eine Vorversuchsreihe durchführen, um die Konzentration, die den besten Effekt erzielt, zu ermitteln.

Prinzipiell sollte man lieber etwas zu wenig Schönungsmittel verwenden als zu viel, da ansonsten eine Trübung, bedingt durch diesen Zusatz, auftreten kann, die meist mit einem Farb- und Qualitätsverlust einhergeht. Natürlich kann man solch einen Fehler durch die Anwendung eines entgegengesetzt geladenen anderen Schönungsmittels wieder aufheben. Die Qualität des Weines wird aber dadurch auf keinen Fall besser.

Schmeckt ein fertiger Wein gut und ist die Trübung nicht allzu stark, ist ohnehin zu überlegen, ob man überhaupt schönen sollte. Diese Entscheidung hängt allein vom ästhetischen Empfinden des Hobbywinzers ab.

TIPP! Schönungsmittel

Man unterscheidet positiv und negativ geladene Schönungsmittel. Hat der Wein ein gutes Aroma, muss er nicht unbedingt geschönt werden. Eine Schönung macht den Wein klarer, ist aber auch eine Gefahr für das Aroma.

Erstellen einer Versuchsreihe

Für eine Vorversuchsreihe stellt man zunächst, falls nötig, Lösungen der zu verwendenden Schönungsmittel her.

Die Agar-Agar-Lösung sollte 0,1-prozentig, die Gelatinelösung 1-prozentig sein. Die anderen Substanzen kann man direkt zusetzen. Dann entnimmt man mehrere 100-ml-Proben des Weines und setzt jeder Probe unterschiedliche Mengen des Schönungsmittels zu, sodass sich die Konzentrationen in den oben angegebenen Bereichen bewegen. Durch Umrechnung der eingesetzten Mengen in der Probe, in der die stärkste Klärung auftritt, ermittelt man die für den Wein benötigte Menge der Substanzen.

Enzyme

Eine weitere Möglichkeit, Trübungen noch anderer Herkunft zu bekämpfen, ist die Anwendung von Enzymen. Wie schon vorher erwähnt, kann ein ungenügender Pektinabbau auch im fertigen Wein die Klärung erschweren. Hier schafft ein Zusatz von Pektinase Abhilfe.

Bei Weinen aus Äpfeln oder Getreide kann eine Trübung auch durch die Anwesenheit von Stärke hervorgerufen werden. Letztere lässt sich einfach nachweisen, indem man zu etwas Wein einige Tropfen Jodlösung gibt. Eine Blaufärbung zeigt die Anwesenheit von Stärke an. Eine Klärung kann durch Zugabe von Amylase, einem stärkespaltenden Enzym, erfolgen.

TIPP! Enzyme

Der Einsatz von Enzymen kann die Klärung sehr erleichtern. Daher sollte vor einer Schönung überprüft werden, ob bereits die Zugabe von Enzymen eine Verbesserung der Klärung bewirkt.

Eine Auswahl selbst gemachter Köstlichkeiten ist der Lohn für eine gute und saubere Arbeit.
© G. Lehari

WEINFEHLER UND WEINKRANKHEITEN

Ein Wein, der nicht völlig klar geworden ist, muss nicht auch von schlechter Qualität sein. Anders verhält es sich dagegen bei anderen Weinfehlern oder echten Weinkrankheiten. Qualitätsmindernde Weinfehler sind Veränderungen von Geschmack oder Geruch, die häufig auch mit einer Farbveränderung einhergehen. Wie schon vorher erwähnt, darf der Saft oder der Wein nie mit blanken Metallteilen aus Eisen, Zink, Kupfer oder Messing in Berührung kommen. Die Metalle können mit bestimmten Inhaltsstoffen der Früchte farbige Verbindungen eingehen, die zu unerwünschten Farbveränderungen oder Trübungen führen können. Außerdem wird der Geschmack negativ beeinflusst; der Wein schmeckt bitter. Dieser Weinfehler lässt sich durch die Verwendung von Geräten aus lackierten Metallen, Edelstahl, Kunststoff oder Glas vermeiden.

Sollte dieser Fehler doch einmal vorliegen, gibt es eine Behandlungsmethode, mit der man ihn beheben kann, die so genannte Blauschönung. Diese Schönungsmethode bedarf präziser Vorversuche. Sie sollte nicht von Privatpersonen durchgeführt werden, da bei falscher Anwendung ein Giftstoff, nämlich Blausäure, entstehen kann. Die Klärung wird mit gelbem Blutlaugensalz, einer Eisen-Cyanid-Verbindung, durchgeführt, welches mit den Metallen im Wein einen unlöslichen Niederschlag bildet und sie somit ausfällt. Gibt man allerdings zu viel Blutlaugensalz in den Wein, wird die überschüssige Substanz in Blausäure umgewandelt. Daher sollte nur ein Weinlabor die notwendige Menge an Blutlaugensalz ermitteln.

Rahnwerden oder Brauner Bruch

Ein wesentlich leichter zu korrigierender Weinfehler ist das Rahnwerden oder der Braune Bruch. Hierbei hat der Wein entweder schon eine bräunliche Farbe angenommen oder wird spätestens bei Berührung mit Luft braun, z. B. beim Einschenken. Gleichzeitig nimmt der Wein den typischen Oxidationsgeschmack an, der an Sherry erinnert. Bewirkt wird diese Veränderung von bestimmten, im Obst enthaltenen Enzymen, den Oxidasen. Durch ausreichende Schwefelung lässt sich dieser Fehler vermeiden. Wie schon erwähnt, sollte man den Gehalt an freier und gebundener schwefliger Säure regelmäßig kontrollieren. Vor der Flaschenabfüllung sollten maximal 0,25 g freie bzw. 1,5 g gesamte schweflige Säure in 10 l Wein enthalten sein. Ist der Fehler beim Wein schon aufgetreten, schwefelt man mit 0,5–1 g Kaliumpyrosulfit auf 10 l Wein nach.

Neben ausreichender Schwefelung kann die richtige Lagerung das Auftreten des Luftgeschmackes verhindern. Der Wein sollte während der Klärung möglichst spundvoll gehalten werden, das heißt, in dem Gefäß sollte möglichst wenig Luftraum über der Flüssigkeit vorhanden sein. Spätestens nach einigen Wochen Lagerung in der Flasche, vorausgesetzt man hat noch ausreichend geschwefelt, ist der Luftgeschmack verschwunden.

Überschwefelung

Das andere Extrem, die Überschwefelung des Weines, führt zu einem Schwefelgeschmack, wobei der Wein auch nach Schwefeldioxid riecht. Abhilfe schafft hier ein Abstich, bei dem der Wein viel mit Luft in Berührung kommt, und in schweren Fällen ein Verschnitt mit anderen Weinen. Allerdings kann dieser Weinfehler nur auftreten, wenn der Hobbywinzer das Kaliumpyrosulfit überdosiert. Also immer gewissenhaft abmessen!

Wenn man seinen Wein verkaufen will, sei hier außerdem auf die strenge gesetzliche Regelung für die maximale Konzentration an Schwefel im Wein hingewiesen.

HINWEIS! Weinfehler und Krankheiten

Die verschiedenen Weinkrankheiten kann man behandeln und Weinfehler vermeiden (z. B. durch richtige Dosierung der Schwefelung).

Böckser

Als Böckser bezeichnet man zwei verschiedene Arten von Weinfehlern. Der Schwefelböckser zeichnet sich dadurch aus, dass der Wein nach faulen Eiern (Schwefelwasserstoff) riecht. Da Schwefelwasserstoff ein starkes Nervengift ist und natürlich den Geschmack und Geruch des Weines völlig verdirbt, muss dieser Fehler schleunigst behoben, am besten natürlich vermieden werden. Der Schwefelböckser tritt vorwiegend bei Weinen auf, die in mit Schwefelschnitten ausgebrannten Gärbehältern vergoren werden. Der beim Einbrennen auf den Boden fallende feste Schwefel kann von den Hefen in Schwefelwasserstoff umgesetzt werden. Allerdings kann dieser Fehler auch durch Schwefelung während der Gärung entstehen. Beheben kann man ihn paradoxerweise durch Schwefelung mit Kaliumpyrosulfit. Dieses verbindet sich mit dem Schwefelwasserstoff zu elementarem Schwefel, der sich mit dem Trub absetzt, und Wasser. Man benötigt etwa 1 g Kaliumpyrosulfit pro 10 l Wein. Außerdem sollte man den Wein stark belüften, da Schwefelwasserstoff ein leicht flüchtiges Gas ist und auf diese Weise auch aus dem Wein entweicht.

HINWEIS! Böckser

Man unterscheidet einen Schwefel- und einen Hefeböckser.

Der Hefeböckser verleiht dem Wein einen unangenehmen, fauligen Geruch. Liegt der zu Ende gegorene Wein zu lange und zu warm auf der Hefe, werden die hefeeigenen Proteine abgebaut und die Zellen verfaulen. Besonders säurearme Weine sind gefährdet. Die beste Vorbeugung ist es, den Wein sofort nach Ende der Gärung vom Hefetrub abzuziehen und kühl zu lagern. Eine intensive Belüftung beseitigt in den meisten Fällen diesen Fehler.

Bitterwerden

Das Bitterwerden des Weines kann zwei Ursachen haben. Die eher als Fehler zu bezeichnende Form entsteht dadurch, dass bei Verarbeitung der Früchte Stiele und Samen zerkleinert wurden und ihre Bitterstoffe in den Saft abgegeben haben. Die beste Vorbeugung ist es, darauf zu achten, dass keine derartigen Bestandteile der Früchte zerstört werden bzw. erst gar nicht in die Maische gelangen. Behandeln lässt sich dieser Fehler durch Zusatz von 1–2 g Gelatine auf 10 l Wein.

HINWEIS! Sauber Einmaischen

Bei der Verarbeitung der Früchte sollten Stiel und Samen abgetrennt werden. Eine anfängliche Schwefelung und Kontrolle des Säureniveaus schützen vor den meisten Weinfehlern.

Eine andere Ursache des Bitterwerdens, welches dann meist mit einer Braunfärbung des Weines einhergeht, ist eine Infektion mit bestimmten Bakterien oder Schimmelpilzen.

Für diese Krankheit sind besonders gerbstoffreiche Rotweine anfällig. Die infizierenden Mikroorganismen bewirken die Bildung eines Bitterstoffes mit dem Namen Acrolein. Man verhütet diese Krankheit, indem man möglichst wenig faulige Früchte verarbeitet, den Wein nicht so lange auf der Maische liegen lässt, möglichst luftfrei arbeitet und ausreichend schwefelt. Die Schwefelung kann auch zur Heilung benutzt werden.

Zahlreiche Mikroorganismen können bei Weinen die unterschiedlichsten Krankheiten hervorrufen. Grundsätzlich ist ein Wein umso anfälliger für Infektionen, je weniger Alkohol und Säure er enthält.

Essigstich

Die Weinkrankheit, die wohl am meisten gefürchtet wird, da man sie nicht heilen kann, ist der Essigstich. Der Wein riecht nach Essig, schmeckt rau und kratzt im Hals. Auf der Oberfläche bildet sich eine schleimige Haut, die „Essigmutter". Hervorgerufen wird diese Krankheit durch Bakterien der Gattung *Acetobacter*, die Ethanol über die Zwischenstufe Acetaldehyd in Essigsäure (Acetat) umwandeln können. Ab Konzentrationen von 0,5–1 g pro 10 l Wein schmeckt man den Essig. In geringen Mengen (unter 0,5 g/l) ist in jedem Wein Essigsäure enthalten.

Für einen echten Genuss sollte der Wein keine Weinfehler oder -krankheiten haben.

Die den Essigstich hervorrufenden Mikroorganismen werden mit den Früchten eingeschleppt. Besonders häufig findet man sie auf angeschlagenem oder fauligem Obst, aus dem Flüssigkeit austritt. Übertragen werden die Bakterien durch die Tau- oder Fruchtfliege (*Drosophila melanogaster*). Diese wenige Millimeter große Fliege wird von dem Duft des Mostes angelockt. Auch deswegen sollte man das Gärgut möglichst immer mit einem Gärverschluss versehen. Da die Bakterien sehr wärmeliebend sind, reichlich Sauerstoff benötigen und empfindlich auf Sulfit und Alkohol reagieren, bieten sich dem Hobbywinzer zahlreiche Möglichkeiten, seinen Wein vor dieser Infektion zu schützen.

HINWEIS! Essigstich

> Der Essigstich ist eine der gefürchtetsten Weinkrankheiten, er wird durch die Fruchtfliege übertragen. Die Verwendung von sauberen Früchten und ein gefülltes Gärröhrchen beugen hier vor.

Man sollte möglichst luftfrei arbeiten und Lufteintritt durch das Gärröhrchen verhindern. Ausreichende Schwefelung vor der Gärung tötet die Bakterien ab. Weine mit über 12 Vol.-% sind auch später nicht mehr anfällig für eine Essigsäurebakterieninfektion. Essigsäure verdirbt nicht nur den Geschmack des Weines, sondern wirkt auch giftig auf die Hefezellen, sodass bei Konzentrationen von 1–2 g/l keine weitere Alkoholproduktion stattfindet und schließlich der gesamte Wein zu Essig umgesetzt wird. Will man noch versuchen, den Wein zu retten, muss man ihn auf 70 °C erhitzen und stark schwefeln (2 g/10 l), um die Essigsäurebakterien abzutöten. Danach sollte der Wein möglichst schnell verbraucht werden.

Kahmigwerden

Dieselben Vorsichtsmaßnahmen wie zur Verhütung des Essigstiches gelten für die Vermeidung des Kahmigwerdens des Weines. Die Kahmbildung wird von so genannten Kahmhefen hervorgerufen, die sich in Gegenwart von ausreichenden Mengen Sauerstoff vermehren und auf der Weinoberfläche eine weißlich-graue, bis zu 1 cm dicke Schicht, die Kahmhaut, bilden. Kahmhefen entwickeln sich besonders stark in Weinen mit niedrigem Alkoholgehalt, die nicht spundvoll bei zu hohen Temperaturen gelagert werden. Weine mit einem Alkoholgehalt von über 13 Vol.-% sind bei Lagerungstemperaturen bis 20 °C nicht mehr gefährdet. Am sichersten lässt sich dieser Fehler vermeiden, indem man früh auf die Flasche zieht bzw. das Fass spundvoll hält und kühl lagert.

Gegen Kaliumpyrosulfit sind die Kahmhefen ziemlich resistent. Bei Befall des Weines entstehen Essigsäure, Essigäther und Acetaldehyd, welche dem Wein einen unangenehmen Beigeschmack verleihen. Außerdem wird der Alkoholgehalt vermindert. Zur Heilung zieht man den Wein vorsichtig aus den unteren Schichten ab, verwirft den Rest mit der Kahmhaut und reinigt das Gefäß gründlich. In schweren Fällen empfiehlt sich noch zusätzlich ein Filtrieren des Weines.

Mäuselton

Eine zum Glück nur noch selten auftretende Weinkrankheit ist der Mäuselton. Der Wein besitzt dann einen kratzigen, abscheulichen Nachgeschmack. Verreibt man einige Tropfen des Weines in der hohlen Hand, ergibt sich ein an Mäuseharn erinnernder Geruch. Daher rührt der Ausdruck „Mäuseln“.

Diese Krankheit tritt in unzureichend geschwefelten, säurearmen Weinen bei unsauberer Verarbeitung auf oder bei Weinen, die in der Gärung stecken bleiben. Beste Verhütungsmethode ist also saubere Verarbeitung, ausreichende Schwefelung und zügiges Vergären mit Reinzuchthefen. Hervorgerufen wird das Mäuseln von verschiedenen Mikroorganismen, sowohl Bakterien als auch Hefen. Heilen kann man den Mäuselton durch Umgärung und Schwefelung. In schweren Fällen schwefelt man stark, lässt längere Zeit stehen und verschneidet eventuell mit gesundem Wein. Dieselbe Behandlung empfiehlt sich auch bei Weinen, die einen Milchsäurestich oder einen Mannitton bekommen haben.

HINWEIS! Kahmhefe

Kahmhefen entwickeln sich besonders bei wenig Alkoholgehalt und nicht spundvoller Füllung. Auch hierbei und generell gilt: Krankheiten lassen sich am besten durch sauberes Arbeiten vorbeugen.

Milchsäurestich

Weine mit einem Milchsäurestich schmecken und riechen nach Sauerkraut und hinterlassen einen Säuregehalt, rechtzeitigen Abstich und kühle Lagerung.

Mannitton

Der Mannitton entsteht durch den bakteriellen Abbau von Fruktose zu dem sechswertigen Zuckeralkohol Mannit. Meistens bilden die Erreger auch Schleim, der Wein wird zäh. Weiters ruft er beim Trinken ein charakteristisches Kratzen im Hals hervor. In schweren Fällen riecht der Wein nach Essig. Auch diese Krankheit lässt sich durch ausreichende Schwefelung, kühle Lagerung und rechtzeitigen Abstich vom Trub vermeiden. Heilung erfolgt wie beim Mäuselton und beim Milchsäurestich.

Zäh- oder Lindwerden

Als Zäh- oder Lindwerden bezeichnet man eine Krankheit, bei welcher der Wein dickflüssig wie Öl fließt und eventuell sogar Fäden oder Schleim ziehen kann. Gleichzeitig ist ein starker Säurerückgang zu verzeichnen, daher das Lindwerden des Geschmackes. Die Erreger dieser Krankheit, verschiedene Bakterienarten, bauen die Säure ab und bilden gleichzeitig aus Glukose Polysaccharide auf, die für die Erhöhung der Viskosität verantwortlich sind.

Verhüten lässt sich diese Krankheit vor allem durch ausreichende Schwefelung und rechtzeitigen Abstich. Zur Heilung schwefelt man und rührt den Wein mit einem Schneebesen gut durch, sodass er mit viel Luft in Berührung kommt. Außerdem muss man unbedingt den Säuregehalt korrigieren.

Schimmelpilze

Zuletzt sei noch auf die Schimmelpilzinfektionen eingegangen. Da Schimmelpilze zur Vermehrung unbedingt Luftsauerstoff benötigen und schon bei Alkoholgehalten von über 4 Vol.-% nicht mehr existieren können, braucht der Hobbywinzer während der Gärung keine Angst vor einem Befall zu haben. Das entstehende Kohlendioxid ist schwerer als Luft, legt sich also auf die Weinoberfläche und verhindert so den Pilzbefall. Außerdem sind 4 Vol.-% Alkohol schnell erreicht. Nicht ganz ungefährlich allerdings sind die auf Früchten vorkommenden Schimmelpilze, die in kürzester Zeit unterschiedlich gefärbte Schimmelrasen bilden, da einige von ihnen giftige Stoffe (Mykotoxine) ausscheiden. Daher sollte man schimmeliges Obst nicht zur Weinbereitung verwenden. Bei geringer Schimmelbildung am Obst kann mit einer anfänglichen Schwefelung entgegengewirkt werden.

Zur Verkostung kann man den Wein auch in eine Karaffe dekantieren, wodurch sich das Aroma noch besser entfalten kann. © atlascompany/freepik

WICHTIG: Schimmel

Auf Sauberkeit des Obstes ist besonders zu achten, um vor bzw. am Anfang der Gärung einen Schimmelpilzbefall zu vermeiden.

DIE ABFÜLLUNG

Nun ist es endlich so weit! Der Wein ist fertig. Bevor man ihn endgültig auf die Flasche füllt, sollte man noch einmal die Konzentration der freien schwefligen Säure kontrollieren, um auch sicher sein zu können, dass der Wein lange haltbar und vor Krankheiten geschützt ist.

Normalerweise muss vor der Flaschenabfüllung noch einmal geschwefelt werden. Da es hierbei aber nicht mehr primär auf die mikrobizide Wirkung des Sulfits ankommt, sondern auf die chemische, in diesem Fall reduzierende (als Gegenteil von oxidierender) Wirkung auf verschiedene im Wein vorkommende Verbindungen, kann hier der Weinbereiter dem Wein anstelle von Kaliumpyrosulfit eine andere Substanz mit ähnlicher Wirkung zusetzen: die Ascorbinsäure.

Ascorbinsäurezusatz

Ascorbinsäure (Vitamin C) ist für den Menschen ein lebenswichtiger Stoff, der mit der Nahrung aufgenommen werden muss. Die meisten anderen Säugetiere können Ascorbinsäure selbst bilden.

Die Bedeutung der Ascorbinsäure für die Fruchtweinbereitung besteht in der reduzierenden Wirkung, wodurch teilweise die schweflige Säure ersetzt werden kann. Die Schwefelung vor der Gärung ist unerlässlich, da Ascorbinsäure keine mikrobizide Wirkung besitzt. Nach der Gärung und vor der Flaschenabfüllung kann man aber die Ascorbinsäure als Reduktionsmittel zusetzen, damit Farbe und Geschmack des Weines unverändert erhalten bleiben. Außerdem schützt sie die schweflige Säure vor Oxidation, sodass diese wiederum besser wirken kann.

Nach dem deutschen Weingesetz dürfen z. B. nur dem fertigen Traubenwein vor der Flaschenabfüllung bis zu 250 mg/l Vitamin C zugesetzt werden; in Österreich ist Zugabe in Obstweinen ohne ein Limit erlaubt. Da aber Vitamin C nicht nur keine schädlichen Nebenwirkungen zeigt, sondern auch für den menschlichen Körper sehr gesund ist, kann man es im Privatbereich beruhigt in höheren Dosen bis zu 1 g/l anwenden. Zuletzt bestimmt man noch den Alkoholgehalt (wie oben beschrieben) seines Produktes, um zu prüfen, ob die gewünschten und errechneten Alkoholprozente erreicht worden sind, und um dann diesen Wert vielleicht auf dem Etikett dokumentieren zu können.

HINWEIS! Reduktionsmittel & Oxidationsschutz

Ascorbinsäure erfüllt mehrere Aufgaben. Dem Hobbywinzer ist deren Zusatz vor der Abfüllung sehr zu empfehlen.

Der Alkoholgehalt von Weinen mit Restzucker kann nicht einfach ermittelt werden, da er dazu destilliert werden müsste. Alternativ gibt man eine Probe seines Weines in einem Weinlabor ab, wo moderne Spezialgeräte in wenigen Minuten viele Parameter des Weines, inkl. des Alkoholgehaltes, ermitteln können.

Flaschenmaterial

Die Flaschenabfüllung des Weines bedarf einiger Vorbereitungen. Zunächst müssen genügend Weinflaschen bereitgestellt werden. Man kann diese neu kaufen, man kann aber ebenso gut leere Weinflaschen sammeln und Freunde und Bekannte bitten, ihre alten Weinflaschen nicht zum Glascontainer zu bringen, sondern für einen aufzuheben. Verwenden kann man sowohl grüne, braune als auch weiße Flaschen. Farbige Weine sind jedoch in Buntglasflaschen besser gegen durch Licht hervorgerufene Farbveränderungen geschützt. Flaschen mit Schraubverschluss sind zum Verkorken nicht geeignet, da der Flaschenhals zu weit ist und die Korken nicht dicht genug schließen können. Alternativ für die Abfüllung von Wein, wenn dieser nicht lange liegend gelagert werden soll, sind beispielsweise auch Flaschen mit umgebendem Korbgeflecht in verschiedenen Größen oder so genannte Apothekerflaschen möglich. Sie sind äußerst dekorativ und besonders als nettes Geschenk geeignet. Hat man Gäste eingeladen, um den eigenen Wein zu verkosten, kann man ihn auch vor dem Servieren in hübsche Karaffen dekantieren. Das wirkt sehr dekorativ und kennzeichnet den Weinkenner, da durch das Dekantieren das Aroma des Weines noch besser zum Ausdruck kommt.

HINWEIS: Flaschenfüllung

Wein in gut verkorkten Flaschen kann sehr lange gelagert werden. Auch Kronkorken, Schraub- oder Glaskorken sind dem Korken in Sachen Haltbarkeit mindestens ebenbürtig.

Man sollte seinen selbst gemacht Wein unbedingt in verkorkten Flaschen liegend aufbewahren, da er nur so fachmännisch gelagert werden und durch die Möglichkeit der Atmung durch den porösen Korken zu einer endgültigen Reife gelangen kann. Von Dreh- oder Griffkorken ist bei einer längeren Lagerung auf alle Fälle abzuraten. Beim Schraub- oder Glasverschluss ist eine liegende Lagerung nicht notwendig.

Flaschen mit umgebendem Korbgeflecht sind dekorativ, sollten aber nicht für eine längere Lagerung verwendet werden. © G. Lehari

Reinigen

Um die Flaschen zu reinigen, legt man sie in heiße Seifenlauge. Sind die alten Etiketten aufgeweicht und hat man hartnäckigen Schmutz mit einer Flaschenbürste entfernt, spült man die Flaschen mit klarem Wasser aus und lässt sie – mit der Öffnung nach unten aufgestellt – austropfen. Man sollte nur die Flaschen verwenden, die auch mit Sicherheit sauber geworden sind, um eventuelle Verunreinigungen und dadurch ein Verderben des Weines zu vermeiden.

Mindestens 24 Stunden vor der Flaschenabfüllung sollten die Korken in einer 1–2-prozentigen Kaliumpyrosulfitlösung (20–40 gr/l) gewässert werden, damit sie elastisch und keimfrei werden. Um sie völlig untertauchen zu können, muss man die Korken beschweren. Alternativ sind auch steril verpackte Korken in etwas größeren Mengen im Handel verfügbar.

Desinfektion mit schwefliger Säure

Um steril zu arbeiten, ist eine Desinfektion der Ballone und Flaschen vor der Abfüllung notwendig. Dies ist besonders bei Weinen mit Restsüße notwendig, um damit eine Nachgärung in der Flasche zu vermeiden.

Um Inhaltsstoffen vorzubeugen, die im Wein später nichts verloren haben, hat sich die Verwendung von schwefliger Säure etabliert. Diese besteht nur aus Zutaten, die man sowieso zur Weinherstellung verwendet, also Wasser, Kaliumdisulfit und Säure. Falls hier also ein paar Tropfen z. B. in der Flasche verbleiben, stellt dies kein Problem dar.

Für die Desinfektion wird eine 2-prozentige schweflige Säurelösung hergestellt, indem man auf 1 l Wasser 40 g Kaliumdisulfit und mind. 4 g Säure (Milch- oder Zitronensäure) zusetzt. Man kann diese Lösung für mehrmaliges Spülen verwenden, allzu lange kann sie aber nicht aufgehoben werden, da sie ihre Wirkung über die Zeit verliert. Die gleiche schweflige Lösung sollte man übrigens auch zur Füllung der Gärröhrchen verwenden, da diese einen besseren Oxidationsschutz als nur reines Wasser bietet.

Für die Reinigung der Flaschen gibt es auch günstige „Flaschenschwefler" aus Kunststoff, wo in dem Plastikbehälter für die Flüssigkeit auch eine kleine Handpumpe eingebaut ist, die mit einem Strahl die Flaschen innen reinigt.

Ein gründliches Reinigen der Weinflaschen ist sehr wichtig. © G. Lehari

Korken

Es gibt im Handel verschiedene Sorten von Korken. Konische Korken lassen sich mit der Hand in den Flaschenhals drücken. Allerdings sind sie nicht dicht genug, um den Wein liegend lagern zu können. Infolgedessen trocknet der Korken im Laufe der Zeit aus, was sich spätestens beim Öffnen der Flasche als Nachteil erweist, da der Korken bröckelt.

Auf jeden Fall sind zylindrische Korken vorzuziehen, die allerdings nur mit einem speziellen Handverkorkapparat oder einem Standverkorker (siehe Fotos) in den Flaschenhals gedrückt werden können. Bei diesen Korken unterscheidet man zwei bzw. drei Arten:

- Die **Naturkorken** weisen manchmal kleine Hohlräume auf und lassen daher unter Umständen etwas Wein austreten, der dann die Korkoberfläche verklebt und dort eventuell schimmelt. Hochwertige traditionelle Weine werden aber immer noch oft mit Naturkorken verschlossen. Die Qualität ist hier von großer Bedeutung und gute Naturkorken kosten dann oft genauso viel oder mehr wie die Flasche selbst.
- Die **Presskorken** sind kürzer als die Naturkorken und wesentlich dichter. Das hat wiederum den Nachteil, dass sie sich schwerer zusammendrücken lassen und somit den Verkorkvorgang etwas erschweren können. Preislich sind diese Korken deutlich günstiger als hochwertige Naturkorken. Dieser Kork wird aus Korkstücken zusammengeklebt und dies wird auch als Nachteil angesehen, da der Wein somit potentiell – vom Klebemittel – sensorisch beeinflusst wird. Für den Hobbywinzer spielt dies aber keine Rolle.
- Seit einigen Jahren gibt es auch kombinierte Korken (oft **Twin-Korken** genannt) auf dem Markt, welche die Vorteile der beiden zuvor genannten Korktypen kombinieren sollen. Diese Korken bestehen oben und unten aus einer dünnen Scheibe Naturkork mit einem Presskork dazwischen. Damit kommt auf der einen Seite der Wein nur mit Naturkork in Berührung und auf der anderen Seite garantiert die Presskorkschicht in der Mitte den luftdichten Verschluss. Auch preislich ist diese Korkart attraktiver als reine Naturkorken.

1.) **Standverkorker** © C. Narzt

2.) **Naturkorken** © Amorim Cork S.A.

3.) **Presskorken** © Amorim Cork S.A.

4.) **Kombination aus Natur- und Presskorken, sogenannte „Twin-Korken“** © Amorim Cork S.A.

Sind die Korken ausreichend gewässert, gießt man die Sulfitlösung ab. Man kann damit auch die zu füllenden Flaschen ausspülen oder man macht eine neue Lösung, um Geschmackseinbußen durch die Korken zu vermeiden, falls ein paar Tropfen der Lösung in den Flaschen verbleiben. Die auf diese Weise sterilisierten Flaschen stellt man zum Austropfen auf den Kopf.

Abfüllen und Verschließen

Mit dem Weinheber wird nun der Wein in die Flaschen gefüllt, und zwar so weit, dass zwischen Korken und Weinoberfläche noch etwa 1–2 cm Luftraum bleiben. Dann verschließt man die Flasche, indem man den Korken mit dem Verkorkgerät in den Flaschenhals drückt. Das nach dem Hebelprinzip arbeitende Gerät ist den anderen Verkorkapparaten vorzuziehen, da es eine sichere Verkorkung gewährleistet, ohne übermäßige Kraft- und Balancierakte zu erfordern. Man sollte darauf achten, dass die Korkenführung kunststoffummantelt ist. Metallführungen rosten mit der Zeit, verschmutzen dadurch den Korken und erschweren den Verkorkvorgang.
Wenn man größere Mengen verkorken muss, empfiehlt sich ein Stand-Verkorkgerät, wo einfache Modelle preiswert angeboten werden.

Die verschlossenen Flaschen sollten noch einige Stunden stehen gelassen werden, damit man kontrollieren kann, ob durch eine eventuelle Gasentwicklung ein Korken wieder herausgedrückt wird. Dann legt man die Flaschen am besten in ein dafür vorgesehenes Weinregal.

Abfüllgeräte

Wer größere Mengen abfüllen will, steht vor der Entscheidung, ob ein Abfüllgerät Sinn macht.

Dazu gibt es auf der einen Seite die sogenannten **Reihenabfüller**. Diese bestehen aus einem Behälter, wo der Wein eingefüllt wird, und mehreren Abfüllrohren, an denen die

1.) Saubere Flaschen, gewässerte Korken und ein Verkorkgerät sind die wichtigsten Voraussetzungen für das Abfüllen des fertigen Weines. © Lehari

2.) Mit dem Weinheber wird der Wein in die Flaschen gefüllt. Hierfür muss der Weinballon etwas erhöht stehen, damit der Wein nach den Gesetzen der Physik durch den Schlauch laufen kann. © G. Lehari

3.) Es gibt auch Weinballons, die unten direkt einen verschließbaren Hahn zum Abfüllen besitzen. In diesem Fall kann der Wein ohne Weinheber in die Flasche gefüllt werden. © G. Lehari

4.) Dieses Verkorkgerät arbeitet nach dem Hebelprinzip und ist einfach zu handhaben. © G.Lehari

Flaschen eingehängt werden. Diese Rohre sind so konzipiert, dass die Füllung automatisch stoppt, wenn die Flasche voll ist, die Füllhöhe ist dabei einstellbar. Der Nachteil solcher Geräte ist, dass der Wein hier viel mit Luft in Berührung kommt. Solche Geräte sind für den Hobbywinzer nicht zu empfehlen.

Als anspruchsvollere Lösung im Hobbywinzerbereich hat sich das **Vakuumabfüllgerät** etabliert. Dieses wird in Europa de facto nur von einem Hersteller angeboten und daher wird hier ausnahmsweise auch der Markenname genannt: **Enolmatic**. Dieses Gerät arbeitet mit Unterdruck, weshalb der Wein nicht mit Sauerstoff in Berührung kommt. Mit diesem Gerät kann man schon eine beachtliche Menge an Flaschen abfüllen und für den anspruchsvollen Hobbywinzer ist es eine echte Überlegung wert. Mit Zusatzsets kann dieses Gerät übrigens auch vorher in einem Arbeitsgang Filtrieren oder zum Abfüllen von Marmeladen verwendet werden.

Versiegelung

Wer seine Weinflaschen auf eine besonders lange Lagerzeit vorbereiten möchte oder sicher sein will, dass kein Luftaustausch über den Korken stattfinden kann oder sich eventuell Schädlinge einschleichen, kann die Flaschen vor der Lagerung noch versiegeln. Hierfür wird die verkorkte Flasche mit dem Flaschenhals in Siegellack getaucht, der zuvor gerade so weit erhitzt wurde, dass er flüssig ist. Die Flasche wird nun herausgenommen und noch kopfunter langsam ein paarmal gedreht, bis der Siegellack fest geworden ist. Sobald er völlig erkaltet ist, kann die Flasche gelagert werden.

Siegellack für Weinflaschen ist im Fachhandel in verschiedenen Farben erhältlich.

Das Versiegeln einer verkorkten Flasche:
Schritt 1: Der Flaschenhals wird in den flüssigen Siegellack getaucht.
Schritt 2: Die Flasche wird so lange gedreht, bis der Siegellack fest wird.
Schritt 3: Jetzt kann keine Luft mehr in die Flasche eindringen. © G. Lehari

Schrumpfkapseln gibt es in sehr vielen Farben und Ausführungen. © BT-Watzke GmbH

Schrumpfkapseln werden mit einem speziellen Heizstab oder einer Heißluftpistole verarbeitet. © C. Narzt

Schrumpfkapseln

Eine andere Art, die Flaschen optisch aufzuwerten, sind Schrumpfkapseln (auch Schrumpfhülsen genannt). Das sind Plastikkappen, die durch Hitze zusammenschrumpfen und Luftlöcher zum Korken hin haben. Die Schrumpfkapsel gibt es in zahlreichen Farben und sie sind eine nette optische Aufwertung der Flasche mit dem Zusatznutzen des Originalitätsschutz (Siegelkapseln), also um ungeöffnete Flaschen zu erkennen.

ETIKETTIERUNG

Weniger kreative Hobbywinzer versehen ihre Flaschen nur mit einem Namensschildchen, um später die verschiedenen Sorten unterscheiden zu können, oder sie kaufen fertig gedruckte Etiketten. Will man seinen Gästen aber schon vor Öffnen der Flasche etwas für das Auge bieten, ist es wesentlich hübscher und auch persönlicher, wenn man eigene Etiketten entwirft, wobei der Fantasie keine Grenzen gesetzt sind. Neben dem Weinnamen bzw. dem Namen der verarbeiteten Früchte wirkt eine Zeichnung oder ein kleines Foto des Obstes oder der entsprechenden Pflanze sehr dekorativ. Ein digitales Foto kann einfach in den Text des Flaschenetiketts eingefügt werden. Man kann ein eigenes Wappen für seine Kelterei erfinden und Erzeugername sowie Abfüllungsort angeben. Nicht zuletzt sollten zumindest der Alkoholgehalt und vielleicht auch der Restzucker- und Säuregehalt aus der Beschriftung des Etikettes hervorgehen.

Wer nicht einfache weiße Etiketten verwenden will, kann die Vorlage auf farbiges Papier kopieren oder direkt auf farbigem Papier ausdrucken. Befindet sich ein Farbdrucker im Haus, kann man die Etiketten natürlich nach einem entsprechenden Entwurf am Computer (ein normales Schreibprogramm reicht dafür schon völlig aus) in allen Farben und Farbkombinationen ausdrucken. Auf diese Weise kann man die Farbe beispielsweise nach der jeweils verwendeten Obstart wählen, ohne immer das passende Farbpapier hierfür kaufen zu müssen.

Als letztes Problem stellt sich die Frage des Klebstoffes, mit dem die Schildchen auf den Flaschen befestigt werden. Hier hat sich am besten Tapetenkleister bewährt. Nach dem Trocknen hinterlässt er keine Klebstoffspuren und bei Wiederverwenden der Flasche kann man ihn mühelos mit etwas warmem Wasser ablösen.

Alternativ gibt es auch wasserfestes selbstklebendes Etikettenpapier für den Laserdrucker, zumeist als A4-Bogen, womit diese nach dem Drucken noch geschnitten werden müssen. Dafür erhält man auch als Hobbywinzer wasserfeste und professionell aussehende Etiketten.

Für jeden Wein kann man individuell das passende Etikett herstellen, fantasievoll und ganz nach persönlichem Geschmack. © G. Lehari

LAGERUNG

Bei der Weinlagerung sollte man auf verschiedene Dinge achten, damit der Wein auch über Jahre oder Jahrzehnte aufbewahrt werden kann, ohne irgendeinen Schaden zu nehmen.

Die Lagertemperatur sollte zwischen 10° und 15 °C betragen (die Idealtemperatur ist 12°C). Ideal ist natürlich ein guter Weinkeller, in dem keine anderen Lebensmittel wie beispielsweise Gemüse oder Kartoffeln, aber auch keine Putzmittel, Farben oder Lacke aufbewahrt werden, denn der Korken kann schnell fremde Gerüche aufnehmen. Auch Temperaturschwankungen können schnell die Qualität eines Weines negativ beeinflussen. Herrschen zu hohe Temperaturen, verdunstet der Wein eher und altert dadurch schneller. Die optimale Luftfeuchtigkeit beträgt 60–70 Prozent. Ist die Luft zu trocken, können die Korken schnell porös werden, was dann dazu führt, dass der Korken beim Öffnen des Weines zerbröselt und Rückstände im Wein hinterlässt. Im schlimmsten Fall lässt sich die Flasche dann gar nicht mehr richtig entkorken. Auch Licht beschleunigt den Alterungsprozess eines Weines. Steht kein dunkler Keller oder Weinschrank zur Verfügung, können die gelagerten Flaschen auch mit Pappe oder Ähnlichem abgedeckt werden.

Die Weinflaschen sollten dunkel und kühl, am besten in einem Weinregal, gelagert werden; bei Korkverschluss unbedingt liegend.
© G. Lehari

Am besten werden Weinflaschen liegend gelagert. Optimal ist es dann, wenn die Flaschen leicht mit ihrem Boden nach unten geneigt liegen. Dann können sich eventuell noch vorhandene Trübstoffe in der Nähe des Flaschenbodens absetzen. Beim Öffnen der Flasche und Servieren des Weines darf dann die Flasche natürlich nicht zu sehr bewegt werden, um die Trübstoffe nicht wieder aufzuwirbeln.

Als Weinregal eignen sich am besten Gestelle aus Metall, Kunststoffe oder Ton. Holzregale sind weniger zu empfehlen, da die Gefahr besteht, dass die Weinflaschen von Korkmotten befallen werden. Deren Maden durchlöchern dann die Korken. Ist der Flaschenhals nach dem Verkorken mit Siegellack versehen worden, besteht diese Gefahr nicht mehr.

Falls Flaschen mit Schraub- oder Glasverschluss (wieder)verwendet werden, können diese stehend gelagert werden und auch die Luftfeuchtigkeit ist dann irrelevant.

Für den Transport oder auch die Lagerung kleiner Mengen an Flaschen eignen sich am besten stabile Weinkisten aus Holz. © G. Lehari

© Mona Lorenz

ROHSTOFFE UND REZEPTE

Nachdem nun der Werdegang des Weines von der Rohstoffverarbeitung bis zur Flaschenabfüllung ausführlich beschrieben wurde, werden im Folgenden die verschiedenen zur Weinbereitung geeigneten Früchte und einige andere Rohstoffe vorgestellt.

Zu jeder Frucht werden Angaben zu Mostgewicht, zuckerfreiem Extrakt sowie Zucker-, Wasser- und Säuregehalt geliefert. Sie sollen die Berechnung des Weinansatzes etwas erleichtern. Bei „Von-bis-Werten" wählt man je nach Reifezustand und Sorte einen höheren oder niedrigeren Wert für die Berechnungen. Sind nur Mittelwerte angegeben, kann man bei weniger reifen oder überreifen Früchten etwas nach unten oder oben abweichen. Die Werte dienen nur als Anhaltspunkte und können eine genaue Messung nicht ersetzen.

HINWEIS! Allgemeines zu den Rezepten

Die angegebenen Rezepte beziehen sich auf einen Ansatz von 10 Litern. Zur Aufsäuerung wird immer 80-prozentige Milchsäure verwendet, da alle anderen Säuren früher oder später einem biologischen oder chemischen Abbau unterliegen.

ACHTUNG! Gesetze beachten

Die in diesem Buch angeführten Rezepte sind nur für Obst- und Kräuterweine bestimmt, die dem Eigenbedarf dienen. Wird Obstwein für den Verkauf hergestellt, so sind die für das jeweilige Land geltenden Wein- und Lebensmittelgesetze zu beachten.

ALLGEMEIN GÜLTIGE VORGEHENSWEISE/CHECKLISTEN

Bei der Herstellung der verschiedenen Weinsorten wiederholen sich gewisse Arbeitsgänge immer wieder. Diese Vorgehensweise wird im Folgenden in Form von Checklisten beschrieben, sodass der Weinbereiter bei der Durchführung der angegebenen Rezepte jeweils auf diese Angaben zurückgreifen kann. Die für die einzelnen Weinsorten benötigten Mengen an Zutaten sind den Rezepten zu entnehmen.

WICHTIG! Notizen machen

Genaue Aufzeichnungen helfen beim Erstellen neuer Rezepte und zur Vermeidung von Fehlern.

Ebenso sollte man für jeden Weinansatz ein Protokoll führen, in dem die Zutaten und ihre Dosierungen, die verschiedenen Messergebnisse, eventuell auftretende Fehler oder notwendige Schönungen und der zeitliche Gärverlauf dokumentiert werden. Dadurch erhält man die Möglichkeit, später die Rezepte nach eigenem Geschmack abzuwandeln oder aufgetretene Fehler und Krankheiten zu vermeiden. Ob man zur Protokollierung die Papierform oder den Computer verwendet, sei der Vorliebe jedes Einzelnen überlassen. Falls die letztere moderne Variante gewählt wird, sollte darauf geachtet werden, dass man auch am Ort, wo die Weine lagern – also zum Beispiel im Keller –, auf diese Datei zugreifen kann.

Im Folgenden finden sich **Checklisten** für die verschiedenen Phasen der Weinbereitung vom Ansatz bis zur Abfüllung. Die Zeitangaben in den Klammern verstehen sich hierbei als Richtwerte.

TIPP! Mitschreiben am Handy/Tablet/Notebook

Aufzeichnungen können auch in elektronischer Form erfolgen, wobei darauf zu achten ist, dass dies auch direkt bei den Weinen erfolgen kann, also auch offline wenn im Keller kein Netzzugang besteht.

© C. Narzt

Ernte und Maische (Tag 1)

- Früchte ernten, waschen und bereitstellen (faule Früchte aussortieren)
- Anfangsmenge Zuckerwasser herstellen, dazu am Herd kurz aufkochen oder heißes Wasser verwenden (halbe Menge laut Rezept bei Dessertweinen)
- Früchte zerkleinern – bei Saftgärung abpressen – und in das Gärgefäß geben (max. zu 3/4 bei Saftgärung und max. zu 2/3 bei Maischegärung befüllen)
- Zuckerwasser dazu leeren, umrühren und Temperatur messen
- Antigel (Enzyme) dazugeben bei max. 55 °C (ideale Temperatur 40-50 °C – je höher desto früher kann mit der Hefezugabe fortgesetzt werden)*
- (optional) 1 g Kaliumdisulfit pro 15 l Ansatz dazugeben (reduziert auch die Braunwerdung)

* Man kann auch nach kurzer Zeit gleich mit der Hefezugabe fortsetzen, solange die Maische unter 30 °C hat; Enzyme arbeiten ohne Hefe und Säurezugabe effektiver, aber der Unterschied zur sofortigen Hefezugabe ist recht gering.

Maische aus Sauerkirschen mit Kernen; solange diese nicht beschädigt werden, kann Steinobst mit den Steinen eingemaischt werden. © C. Narzt

Die Schritte Zuckerwasser und Antigel hinzufügen können auch vertauscht werden, wie dies im Rezeptteil zumeist angeführt ist. Antigel arbeitet bei höheren Temperaturen deutlich rascher. Wenn sehr heißes Zuckerwasser verwendet wird und die Temperatur vor der Zugabe von Antigel kontrolliert wird, ist diese Reihenfolge die effektivere, da sonst sowieso vor der Hefezugabe auf die Abkühlung der Maische gewartet werden muss.

Weinansatz (Tag 2)

- (optional; siehe Rezept) Säure der Maische hinzufügen
- (optional) pH-Wert nach Säurezugabe bestimmen (mit Papierstreifen oder pH-Meter; dieser sollte unter 3,5 liegen um die Aktivität von Mikroorganismen zu unterdrücken)
- Hefeansatz mit Flüssig- oder Trockenhefe herstellen – warm stellen
- Hefeansatz mehrmals schütteln um die Vermehrung der Hefezellen zu beschleunigen
- Hefenährsalz der Maische hinzufügen
- Maische umrühren und Temperatur messen
- Hefeansatz in max. 30 °C warme Maische geben und umrühren (der Hefeansatz sollte dabei eine ähnliche Temperatur wie die Maische haben; viele Hersteller empfehlen max. 5 °C Tempertaturdifferenz)
- Gärbehälter mit Wasser gefülltem Gärspund (Gummistopfen mit Gärröhrchen) verschließen
- Raumtemperatur während der Gärung sollte um die 20 °C betragen
- Protokoll führen!

Anfangsphase/Stürmische Gärung (Woche 1)

- Maische regelmäßig (ca. 1 x täglich) umrühren bzw. schütteln, um eventu-

ell abgesetzte Trubstoffe zu lösen. Bei Maischegärung besonders wichtig, um die Früchte besser auszulaugen
- (optional) Temperatur der Maische messen – Temperaturen unter 15 °C und über 25 °C sollten vermieden werden
- auf Überquellen aus dem Gärbehälter achten (vor allem bei Maischegärung; warme Temperaturen beschleunigen die Gärung; im Notfall die Maische auf ein zweites Gefäß aufteilen)

Die Früchte – hier Rote Johannisbeeren – schwimmen in der Maische auf und müssen regelmäßig untergetaucht/umgerührt werden.
© C. Narzt

Nach der anfänglichen stürmischen Gärung (Woche 2–3)

- bei Maischegärung kann nach 2–3 Wochen abgepresst werden
- bei Saftgärung kann das erste Mal umgefüllt werden
- Wein kosten! → Ist noch Restzucker vorhanden?
- (optional) restliche Menge Zuckerwasser hinzufügen (bei Dessertweinen bzw. wenn sensorisch kein Restzucker mehr vorhanden, aber erwünscht ist)
- 0,5–1 g Kaliumpyrosulfit pro 10 l hinzufügen
- Regelmäßig umrühren/schütteln
- Protokoll führen!

Die Früchte – hier Rote Johannisbeeren – werden in der Maische mit der Zeit ausgelaugt.
© C. Narzt

Weitere Gärung (Woche 3–4)

- Gärung weiter regelmäßig beobachten, ab und zu umrühren
- Gärung ist beendet, wenn nach Schütteln des Gärgefäßes kein Gas mehr durch das Gärröhrchen entweicht

Umfüllen/Ende der Gärung (Woche 5+)

- Wein abziehen/Abstich – mit dem Weinheber den Überstand abziehen und in das gereinigte Gärgefäß zurückfüllen
- Wein kosten! → Säure und Restzucker sind zu bewerten
- Säure mit Acidometer messen (Blaufärbung bzw. pH-Wert 7,0)
- (optional) Säure hinzufügen (12,5 ml 80-prozentige Milchsäure pro 10 l Wein pro 1g/l Säure, die erhöht werden soll)
- (optional) Nachzuckerung, wenn notwendig
- wenn die Gärung beendet zu sein scheint (Gärspund zeigt keine Aktivität), Gärgefäß kühl stellen (10–15 °C)
- nochmals 0,5–1 g Kaliumpyrosulfit pro 10 l hinzufügen
- ab nun das Gärgefäß immer spundvoll halten; ggf. kann mit Wein aus dem Vorjahr bzw. Wasser aufgefüllt werden
- Protokoll führen!

Reifung (Woche 6–15)

- der Wein reift nun, ggf. gärt er auch noch ganz langsam zu Ende (Milchsäuregärung)
- Abstich; ca. 2–4-mal sollte der Wein zur Selbstklärung abgezogen/umgefüllt werden
- (optional) nach dem Abstich die Konzentrationen von Gesamtsäure und freier und gebundener schwefliger Säure sowie den Zuckergehalt im Wein bestimmen und gegebenenfalls korrigieren

Klärung (Woche 15+)

- (optional) Schönung mit den Substanzen laut Rezept durchführen, wenn nach dreimaligem Abstich vom Trub der Wein immer noch nicht geklärt ist
- Alternativ oder zusätzlich zur Schönung eine Filtrierung mit Papierfilter oder Schichtenfiltermaschine durchführen
- Hinzufügen von Ascorbinsäure zur Haltbarmachung (1,5 g/10 l)
- weiter abwarten und Wein in Gärgefäß reifen lassen oder gleich in Flaschen abfüllen
- Protokoll führen!

Abfüllung (Woche 20+)

- Flaschen waschen und desinfizieren (mit 40 g Kaliumpyrosulfit und 15 g Zitronensäure auf 1 l Wasser)
- Korken oder andere Verschlüsse in gleicher Lösung einweichen (Korken 24 h)
- In Flaschen mit Heber oder Abfüllgerät abfüllen und verschließen (verkorken)
- (optional) Flasche mit Schrumpfkapsel oder mit Wachs versiegeln
- Flaschen etikettieren bzw. mit wasserfestem Stift beschriften
- Flaschen kühl und dunkel lagern, bei Korkverschluss liegend

Spezieller Hinweis zur Verarbeitung größerer Mengen Steinobst

Will man größere Mengen an Steinobst verarbeiten und nicht jede Frucht einzeln entsteinen, kann auch mit den Steinen eingemaischt werden. Dabei muss darauf geachtet werden, dass die Steine nicht beschädigt werden, welche sich dann im Laufe der Gärung und Verflüssigung der Maische am Boden absetzen. Hierzu empfiehlt es sich, zum Beispiel einen speziellen Aufsatz für eine gute Bohrmaschine bzw. ein Rührwerk anzuschaffen. Es ist darauf zu achten, dass so ein Rührstab – auch Maischequirl genannt – aus Edelstahl ist, da die Fruchtsäuren im Obst normales Metall angreifen und dieses damit in die Maische gelangt. Am Ende der Gärung lässt man vor der Weiterverarbeitung die Kerne, die sich am Boden gesammelt haben, zurück.

Gültig ist diese Vorgehensweise für diese Früchte: Aprikose (Marille), Pfirsich, Kirsche, Kornelkirsche, Mirabelle, Pflaume (Zwetschke), Sauerkirsche (Weichsel), Reneklode.

WICHTIG! Pfirsiche einmaischen

Manche Pfirsichsorten haben einen nicht sehr robusten Kern und sollten daher vor der Einmaischung entsteint werden.

WEIN AUS FRISCHEN FRÜCHTEN

Die **Mengenangaben** in den Rezepten beziehen sich auf einen lieblichen, die Angaben in Klammern () auf einen trockenen Wein. Sie sind immer **für 10 l** Tafel- oder Dessertwein bemessen.

Bei den Angaben zur Schönung mit Gelatine kann stattdessen das vegane Alternativprodukt laut Gebrauchsanweisung angewendet werden. Die Reihenfolge des positiv und negativ geladenen Schönungsmittels muss dabei allerdings beibehalten werden.

ANANAS *(ANANAS COMOSUS)*

Die Ananas ist die Frucht einer mehrjährigen, krautigen Pflanze, die unempfindlich gegen Hitze und Trockenheit ist. Sie wird hauptsächlich in den Tropengebieten in Asien, Amerika und Afrika angebaut. Dank der heute schnellen Transportmöglichkeiten unter kontrollierten Bedingungen sind frische Ananas bei uns das ganze Jahr über zu einem erschwinglichen Preis erhältlich. Daher lohnt es sich durchaus, auch einmal die Zubereitung von Wein aus frischen Ananas auszuprobieren.

Bei der Ananas erfolgt die Fruchtbildung ohne vorherige Bestäubung der Blüten, daher enthalten die Früchte keine Samen. Die Frucht selbst ist eine so genannte Scheinfrucht, die ein Gewicht von bis zu 5 kg erreichen kann. Sie besteht aus der verdickten fleischigen Blütenachse und den an der Oberfläche befindlichen zusammengewachsenen Einzelbeeren. Für die Weinbereitung verwendet man am besten vollreife Früchte. Sie geben auf Druck etwas nach und duften intensiv. Die Farbe der Schale sagt nicht unbedingt etwas über den Reifegrad aus.

Die Ananas besitzt einen hohen gesundheitsfördernden Wert. Neben zahlreichen Vitaminen und Mineralstoffen enthält sie ein Eiweiß spaltendes Enzym mit dem Namen Bromelain, das für die verdauungsfördernde, entschlackende und harntreibende Wirkung verantwortlich ist. Außerdem ist der Fruchtsäuregehalt relativ hoch.

Für die Zubereitung von Wein führt man eine Maischegärung durch. Hierfür schneidet man den Blattschopf am oberen Ende der Frucht ab und entfernt die Schale. Der holzige Kern, der für den Rohverzehr in der Regel entfernt wird, kann zusammen mit dem Fruchtfleisch zerkleinert und mitverwertet werden. Der beim Zerschneiden austretende Saft muss auf alle Fälle aufgefangen und zur Maische gegeben werden.

Mostgewicht: 82 °Oe
Wassergehalt: durchschnittlich 86 %
Zucker: 100–130 g/l
Gesamtsäure: 7–8 g/l

Dessertwein

Maischegärung in einem 15-l-Gärbehälter

4 kg Ananasfruchtfleisch werden zerkleinert und mit heißer Zuckerlösung aus 6 l (6,5 l) Wasser und 2,5 kg (1,75 kg) Zucker übergossen. Dann setzt man 1 g Kaliumpyrosulfit hinzu und säuert den Ansatz mit 30 g 80-prozentiger Milchsäure auf. Nach dem Abkühlen gibt man Dessertwein-Flüssighefe (Gäransatz!) – z. B. Sauternes – oder Trockenhefegranulat und 4 g Hefenährsalz hinzu. Nach etwa zwei Wochen zieht man von der Maische ab und verfährt weiter wie in der „Allgemein gültigen Vorgehensweise" beschrieben (siehe S. 93).

Da Ananas wenig Pektin enthält, aber dafür Eiweiß spaltende Enzyme, sollte sich der Wein in der Regel von selbst gut klären.

© a_sherstobitov/freepik

APFEL *(MALUS DOMESTICA)*

Will man aus Äpfeln Wein bereiten, sollte man späte Sorten verarbeiten, da diese mehr Säure, Zucker und Extrakt enthalten als frühe Sorten und somit einen besseren Wein liefern.

Der bekannte „Äppelwoi" oder Most wird ohne Zusatz und durch Gärung der Apiculatushefen hergestellt. Er erreicht einen Alkoholgehalt von 4–5 Vol.-%. Der „Speierling" ist ein nach alten Geheimrezepten hergestellter Wein aus Äpfeln und den Früchten der Eberesche.

Höherprozentige Apfelweine, auch „Apfelcidre" oder „Apfeldessertwein" genannt, bedürfen eines Zucker- und Säurezusatzes und der Vergärung mit einer Reinzuchthefe.

Mostgewicht: 40–80 °Oe
Zuckerfreier Extrakt: 28 g/l
Wassergehalt: 85–90 %
Saftausbeute: 55–80 %
Zucker: 60–140 g/l
Gesamtsäure: 5–12 g/l

Die Äpfel werden kalt abgepresst, wobei man eine Saftausbeute von 75–80 Prozent erreichen kann. Da ein großer Teil der im Apfel enthaltenen Säure aus Apfelsäure besteht, die ja dem biologischen Säureabbau unterliegt, muss in jedem Fall spätestens nach der Gärung mit Milchsäure nachgesäuert werden.

Tafelwein

Saftgärung

15 kg Äpfel werden kalt abgepresst und nach Zusatz von 1 g Kaliumpyrosulfit mit Tafelwein-Flüssighefe (Gäransatz!) – z. B. Steinberg – oder Trockenhefegranulat und 4 g Hefenährsalz vergoren. Nach Beendigung der Gärung verfährt man weiter wie in der „Allgemein gültigen Vorgehensweise" beschrieben (siehe S. 93). Klärt sich der fertige Wein nicht vollständig, kann durch nacheinander erfolgende Zugaben von 10–20 ml 15-prozentigem Kieselsol und 1–2 g Gelatine geschönt werden.

Dessertwein

Saftgärung

10 kg Äpfel werden kalt abgepresst und mit 1 g Kaliumpyrosulfit geschwefelt. Dann setzt man Zuckerlösung aus 2,25 l (2,75 l) Wasser und 2,25 kg (1,5 kg) Zucker sowie 30 g (–) 80-prozentige Milchsäure zu und vergärt mit Dessertwein-Flüssighefe (Gäransatz!) – z. B. Sauternes – oder Trockenhefegranulat und 4 g Hefenährsalz. Nach Beendigung der Gärung verfährt man weiter wie in der „Allgemein gültigen Vorgehensweise" beschrieben (siehe S. 93). Klärt sich der fertige Wein nicht vollständig, kann er wie der Tafelwein geschönt werden.

Es gibt eine unendliche Vielfalt an Apfelsorten, sodass für jeden Geschmack etwas dabei ist. Späte Sorten sind für die Weinbereitung am besten geeignet. © G. Lehari

Apfelwein lässt sich in vielen verschiedenen Varianten herstellen. © G. Lehari

APRIKOSE/MARILLE *(PRUNUS ARMENICA)*

Das trockene, gelb-orange Fruchtfleisch der Aprikose ist von einer zähen, zumeist samtig behaarten Haut überzogen. Das Innere des Steins ist ölhaltig und manchmal, wenn es süß schmeckt, auch essbar. Schmeckt es allerdings bitter, enthält es giftige Blausäure.

Die nach Bittermandel duftenden Blätter des Aprikosenbaumes helfen bei Darmträgheit und Hautausschlag. Frische Früchte stopfen und werden bei Gallen-, Magen- und Leberdiät verwendet. Getrocknete Früchte führen ab.

Zur Weinbereitung eignen sich sowohl frische als auch konservierte Früchte und sogar Dörrobst. Bei kleineren Mengen sollte der Stein vor der Verarbeitung entfernt werden. Die Früchte sollten gut reif, aber nicht matschig sein. Wegen des hohen Pektingehaltes sollte eine Maischegärung unter Antigelzusatz durchgeführt werden.

Dessertwein

Maischegärung in einem 15-l-Behälter

5 kg Aprikosen werden zerkleinert, mit 15 ml Antigel versetzt und mindestens zehn Stunden stehen gelassen. Dann gibt man warme Zuckerlösung aus 5,5 l (5,75 l) Wasser und 2,5 kg (2 kg) Zucker sowie 1 g Kaliumpyrosulfit hinzu. Den Ansatz für einen lieblichen Wein sollte man mit 25 g 80%iger Milchsäure aufsäuern. Nach dem Abkühlen gibt man Dessertwein-Flüssighefe (Gäransatz!) – z. B. Bordeaux – oder Trockenhefegranulat und 4 g Hefenährsalz zu. Nach einer Woche zieht man von der Maische ab und verfährt weiter wie in der „Allgemein gültigen Vorgehensweise" beschrieben (siehe S. 93). Klärt sich der fertige Wein nicht vollständig, kann durch nacheinander erfolgende Zugabe von 20 ml Antigel, 15 ml 15%igem Kieselsol und 1 g Gelatine geschönt werden.

Mostgewicht: 40–60 °Oe
Zuckerfreier Extrakt: 40 g/l
Wassergehalt: 78–93 %
Zucker: 30–160 g/l
Gesamtsäure: 5–27 g/l

BANANE *(MUSA SPEC.)*

Zur Weinbereitung eignen sich am besten überreife Bananen mit vielen braunen Flecken auf der Schale. Bei der Berechnung der Zutaten sollte man berücksichtigen, dass die Schale das Gewicht um etwa ein Drittel erhöht.

Man führt am besten eine Maischegärung durch, wobei auf alle Fälle vorher mit Antigel behandelt werden muss. Zur besseren Entfaltung des Aromas kann man die geschälten Bananen zunächst mit etwas Wasser eine halbe Stunde lang kochen.

Dessertwein

Maischegärung in einem 15-l-Behälter

3 kg Bananen werden geschält, zerkleinert, mit 10 ml Antigel und 2 l Wasser vermischt und mindestens zehn Stunden stehen ge-

lassen. Dann setzt man heiße Zuckerlösung aus 5,5 l (5,75 l) Wasser und 2,5 kg (2 kg) Zucker sowie 1 g Kaliumpyrosulfit und 50 g (40 g) 80-prozentige Milchsäure zu. Nach dem Abkühlen gibt man Dessertwein-Flüssighefe (Gäransatz!) – z. B. Samos – oder Trockenhefegranulat und 4 g Hefenährsalz zu. Nach fünf bis sieben Tagen zieht man von der Maische ab. Dann verfährt man wie in der „Allgemein gültigen Vorgehensweise" beschrieben (siehe S. 93). Klärt sich der fertige Wein nicht vollständig, kann durch nacheinander erfolgende Zugabe von 20 ml Antigel, 10 ml 15-prozentigem Kieselsol und 0,5 g Gelatine geschönt werden.

© paulovilela/freepik

BIRNE *(PYRUS COMMUNIS)*

Mostgewicht: 40–65 °Oe
Zuckerfreier Extrakt: 40–57 g/l
Wassergehalt: 78–88 %
Saftausbeute: 63–76 %
Zucker: 60–140 g/l
Gesamtsäure: 2–10 g/l

Da Birnen nicht so lange lagerfähig sind wie Äpfel, sollte man sie möglichst bald nach der Ernte verarbeiten. Zur Weinbereitung eignet sich besonders ein Gemisch aus Äpfeln und Birnen. Aber auch ein reiner Birnenwein lässt sich herstellen. Hierbei ist darauf zu achten, dass ausreichend geschwefelt und frühzeitig vom Trub abgezogen wird, da Birnenwein für Krankheiten recht anfällig ist. Eine kühle Gärung schützt ebenfalls vor Infektionen.

Sind die Birnen schon mehlig geworden, erhöht sich das Aroma, die Saftausbeute wird aber geringer. Auch harte und zum Kochen geeignete Birnen lassen sich zu Wein verarbeiten. Da alle Birnensorten einen relativ geringen Säuregehalt besitzen, muss man in jedem Fall nachsäuern. Der hohe Gerbstoffgehalt der Birnen kann unter Umständen den Geschmack negativ beeinflussen. In diesem Fall kann man das Tannin nach der Gärung mit Gelatine ausfällen.

© azerbaijan_stockers/freepik

Tafelwein

Saftgärung

15 kg Birnen werden kalt abgepresst. Dem Saft setzt man 1 g Kaliumpyrosulfit sowie Tafelwein-Flüssighefe (Gäransatz!) – z. B. Steinberg – oder Trockenhefegranulat und 4 g Hefenährsalz zu. Nach Beendigung der Saftgärung verfährt man weiter wie in der „Allgemein gültigen Vorgehensweise“ beschrieben (siehe S. 93). Klärt sich der fertige Wein nicht vollständig, kann durch nacheinander erfolgende Zugaben von 10 ml 15-prozentigem Kieselsol und 0,5 g Gelatine geschönt werden.

Dessertwein

Saftgärung

10 kg Birnen werden kalt abgepresst und mit 1,75 l (2 l) Wasser und 2 kg (1,5 kg) Zucker gemischt. Dann setzt man 1 g Kaliumpyrosulfit sowie 30 g (5 g) 80-prozentige Milchsäure zu. Nach dem Abkühlen gibt man Dessertwein-Flüssighefe (Gäransatz!) – z. B. Sauternes – oder Trockenhefegranulat und 4 g Hefenährsalz zu. Nach Beendigung der Saftgärung verfährt man weiter wie in der „Allgemein gültigen Vorgehensweise“ beschrieben (siehe S. 93). Klärt sich der fertige Wein nicht vollständig, kann er wie der Tafelwein geschönt werden.

BROMBEERE *(RUBUS FRUTICOSUS)*

Ab Ende Juli findet man die ersten reifen Früchte. Da immer nur einige Früchte eines Strauches zur selben Zeit reifen, kann man über einen langen Zeitraum Brombeeren von denselben Sträuchern ernten. Benötigt man größere Mengen, z. B. zur Weinbereitung, empfiehlt es sich, die ersten Früchte einzufrieren, um später alle zusammen verarbeiten zu können.

Die viel Gerbstoff enthaltenden Brombeeren wirken adstringierend. Früher wurde der Saft zur Wundreinigung benutzt. Weiterhin wirken Brombeeren harntreibend und blutzuckersenkend. Brombeeren liefern einen gehaltvollen, schmackhaften Wein. Man führt eine Maischegärung durch, wobei nach drei bis acht Tagen von der Maische abgezogen wird. Den Trester kann man dann noch einmal mit Wasser versetzen und nochmals auspressen.

Die Erntezeit der Brombeere erstreckt sich über mehrere Wochen oder sogar Monate.
© C. Narzt

Mostgewicht: 30–40 °Oe
Zuckerfreier Extrakt: 40 g/l
Wassergehalt: 77–88 %
Saftausbeute: 75–91 %
Zucker: 60–70 g/l
Gesamtsäure: 10–18 g/l

Dessertwein

Maischegärung in einem 15-l-Gärbehälter

4 kg Brombeeren werden zerstampft, mit 10 ml Antigel vermischt und mindestens

10 Stunden stehen gelassen. Dann mischt man diesen Brei mit heißer Zuckerlösung aus 5,25 l (5,5 l) Wasser und 2,5 kg (2 kg) Zucker und setzt 1 g Kaliumpyrosulfit sowie 30 g (–) 80-prozentige Milchsäure zu. Nach dem Abkühlen gibt man Dessertwein-Flüssighefe (Gäransatz!) – z. B. Burgunder – oder Trockenhefegranulat und 4 g Hefenährsalz zu. Nach drei bis acht Tagen zieht man von der Maische ab. Die weiteren notwendigen Arbeitsgänge werden in der „Allgemein gültigen Vorgehensweise" beschrieben (siehe S. 93). Klärt sich der fertige Wein nicht vollständig, kann durch nacheinander erfolgende Zugaben von 5 ml 15-prozentigem Kieselsol und 0,5 g Gelatine geschönt werden.

DATTEL *(PHOENIX DACTYLIFERA)*

Die Dattel ist die Frucht der Dattelpalme, die vermutlich aus Nordafrika oder Vorderasien stammt und dort schon vor Jahrtausenden angebaut wurde. Heute ist sie eine typische Pflanze der Randtropen. Es sind etwa 40 verschiedene Kulturformen bekannt. Früher kamen Datteln bei uns nur zur Weihnachtszeit im getrockneten Zustand auf den Markt. Heute werden aber immer häufiger auch frische Früchte angeboten.

Wegen ihres extrem hohen Zuckergehaltes sind die Früchte gut haltbar. Man kann sie monatelang im Kühlschrank aufbewahren und sie können auch eingefroren werden. Beim Kauf sollte man darauf achten, dass die Früchte fest sind und eine glatte, keine schrumpelige Schale besitzen.

Auch frische Datteln sind lange haltbar.

In ihrer Heimat wird aus dem Stamm der wilden Dattelpalme der Saft abgezapft und zu Palmwein vergoren. Dies ist uns hier leider nicht möglich. Aber auch aus den Früchten lässt sich ein sehr gehaltvoller Dessertwein herstellen. Da die Früchte kaum Säure enthalten, muss eine entsprechend große Menge Milchsäure bei der Weinbereitung zugesetzt werden.

Wassergehalt: 25 %
Zucker: 60–70 %

Dessertwein

Maischegärung in einem 15-l-Gärbehälter

3 kg Datteln werden gewaschen, entsteint und fein zerkleinert. Dann vermischt man sie mit 3 l Wasser und 10 ml Antigel und lässt das Ganze mindestens zehn Stunden stehen. Anschließend setzt man heiße Zuckerlösung aus 5 l Wasser und 2 kg Zucker zu. Außerdem werden 1 g Kaliumpyrosulfit und 60 g 80-prozentige Milchsäure beigefügt. Nach dem Abkühlen gibt man Dessertwein-Flüssighefe (Gäransatz!) – z. B. Malaga – oder Trockenhefegranulat und 4 g Hefenährsalz hinzu. Nach etwa zwei Wochen zieht man von der Maische ab und verfährt weiter wie in der „Allgemein gültigen Vorgehensweise" beschrieben (siehe S. 93).

EBERESCHE *(SORBUS AUCUPARIA)*

Aus den weißen Blüten der Eberesche entwickeln sich leuchtend rote, kugelige Scheinfrüchte, die besonders gerne von Vögeln gefressen werden (Vogelbeere). Für uns schmecken die Beeren bitter. Erntet man sie allerdings nach dem ersten Frost, sind die Bitterstoffe zum Teil abgebaut. Neben einem hohen Gerbstoff- und Säuregehalt besitzen die Früchte sehr viel Vitamin C. Daher spielt der Saft noch heute in der Süßwaren- und Limonadenindustrie eine große Rolle. Die bei uns verbreitete wilde Art *Sorbus aucuparia* ist für die alleinige Verarbeitung zu Wein nicht so gut geeignet, da der Bitterstoffanteil recht hoch ist. Verarbeitet man sie aber zusammen mit Quitten, Äpfeln, Birnen oder Hagebutten, lässt sich daraus ein schmackhafter Wein herstellen. Der Speierling, eine Art „Äppelwoi“, wird aus einem Gemisch von Äpfeln und Vogelbeeren hergestellt.

Für die alleinige Verarbeitung eignet sich dagegen gut die Zuchtform der Eberesche *Sorbus aucuparia* var. *edulis*, die frei von Bitterstoffen ist. Sie wird auch Mährische Eberesche genannt. Zur Verarbeitung überbrüht man die Früchte mit der gleichen Menge Wasser, setzt nach Abkühlen Antigel dazu, presst nach entsprechender Einwirkzeit ab und führt eine Saftgärung durch.

Mostgewicht: 110 °Oe
Zuckerfreier Extrakt: 215 g/l
Wassergehalt: 63–81 %
Saftausbeute: 44–56 %
Zucker: 50–90 g/l
Gesamtsäure: 21–33 g/l

Dessertwein

Saftgärung

3 kg Vogelbeeren werden mit 3 l Wasser überbrüht. Nach dem Abkühlen gibt man 10 ml Antigel zu und lässt noch zehn Stunden einwirken. Dann presst man den Saft ab und mischt ihn mit 4 l (4,25 l) Wasser und 2,5 kg (2 kg) Zucker. Dann setzt man

Nach dem ersten Frost geerntet, sind die Bitterstoffe teilweise abgebaut.
© G. Lehari

1 g Kaliumpyrosulfit sowie 20 g (5 g) 80-prozentige Milchsäure zu. Weiterhin gibt man Dessertwein-Flüssighefe (Gäransatz!) – z. B. Port – oder Trockenhefegranulat und 4 g Hefenährsalz zu. Nach Beendigung der Gärung verfährt man wie in der „Allgemein gültigen Vorgehensweise“ beschrieben (siehe S. 93).

Wegen des relativ hohen Tanningehaltes klären Ebereschenbeerenweine oder Mischweine aus diesen Früchten sehr gut.

ERDBEERE *(FRAGARIA SPEC.)*

Der eigentliche Urahne unserer heute bekannten und beliebten kultivierten Erdbeere ist die Walderdbeere *Fragaria vesca*. Sie zeichnet sich durch kleine, sehr aromatische Früchte aus. Man findet sie besonders in waldreichen Hochlagen. Wer nicht das mühselige Sammeln der kleinen Früchte scheut, kann aus ihnen einen ganz besonderen Wein bereiten.

Aber auch die Zucht-Erdbeeren eignen sich hervorragend zur Weinbereitung, insbesondere weil man auch ruhig angeschlagene Früchte, z. B. von Marktrückständen, verarbeiten kann. Allerdings sollten die verwendeten Früchte immer im richtigen Reifezustand sein. Unreife Erdbeeren schmecken herb bis bitter, überreife schmecken nach Gras.

Da die Früchte schlecht pressbar sind, führt man eine Maischegärung durch. Hat man die grünen Stängel und Kelchblätter entfernt, kann man den Ansatz zwei Wochen lang auf der Maische belassen, bis abgepresst wird. Sind die grünen Teile nicht entfernt worden, sollte man schon nach einer Woche abpressen. Die Erdbeermaische muss kräftig geschwefelt und natürlich mit Antigel behandelt werden.

Mostgewicht: 32–38 °Oe
Zuckerfreier Extrakt: 28 g/l
Wassergehalt: 79–93 %
Saftausbeute 70–84 %
Zucker: 50–70 g/l
Gesamtsäure: 5–21 g/l

Erdbeeren sollten sorgfältig verlesen und die Kelchblätter entfernt werden.

Dessertwein

Maischegärung in einem 15-l-Gärbehälter

5 kg Erdbeeren werden zerstampft und mit 20 ml Antigel sowie 1–2 g Kaliumpyrosulfit zehn Stunden stehen gelassen. Dann setzt man dem Fruchtbrei heiße Zuckerlösung aus 4,75 l (5 l) Wasser und 2,5 kg (2 kg) Zucker sowie 25 g (-) 80-prozentige Milchsäure zu. Nach dem Abkühlen gibt man Dessertwein-Flüssighefe (Gäransatz!) – z. B. Malaga– oder Trockenhefegranulat und 4 g Hefenährsalz zu. Nach zwei Wochen zieht man von der Maische ab. Die weiteren notwendigen Arbeitsgänge werden in der „Allgemein gültigen Vorgehensweise“ (siehe S. 93) beschrieben. Klärt sich der fertige Wein nicht vollständig, kann durch nacheinander erfolgende Zugaben von 5 ml 15-prozentigem Kieselsol und 0,3 g Gelatine geschönt werden.

FEIGE *(FICUS CARICA)*

Ähnlich wie die Dattel war auch die Feige früher bei uns nur im getrockneten Zustand, und dann meistens zur Weihnachtszeit, erhältlich. Frische, vollreife Früchte sind recht druckempfindlich und daher bei uns erst regelmäßig im Handel, seitdem es schonende und schnelle Transportmöglichkeiten für die Früchte gibt.

Es gibt über hundert verschiedene Feigensorten, darunter auch einige, die in milden Klimazonen bei uns gedeihen oder als Kübelpflanzen im Wintergarten gezogen werden können. Auch bei diesen Bäumchen kann man durchaus mit einer Ernte rechnen.

Feigen haben eine typische, birnenähnliche Form. Die Schale kann im vollreifen Zustand grün oder violett gefärbt sein – unreife Feigen sind immer grün – und ist meistens grau bereift. Hellere Feigensorten sind in der Regel dünnschaliger und saftiger als dunklere Sorten. Grundsätzlich kann man Feigen mit der Schale verzehren, bei besonders dickschaligen Früchten empfiehlt es sich manchmal, die Schale zu entfernen.

Die Feige besitzt von allen Lebensmitteln den höchsten alkalischen Wert, sie ist daher hervorragend zur Neutralisierung von säurehaltigen Speisen geeignet und lindert Beschwerden, die durch übermäßige Magensäureproduktion hervorgerufen werden. Für die Weinbereitung bedeutet das allerdings, dass relativ viel Milchsäure zugesetzt werden muss, um ein harmonisches Aroma zu erzielen.

Wassergehalt: 76–82 %
Zucker: 12–16 %

Dessertwein

Maischegärung in einem 15-l-Gärbehälter

3 kg Feigen werden gewaschen, zerkleinert, mit 2 l Wasser und 10 ml Antigel vermischt und mindestens zehn Stunden stehen gelassen. Anschließend setzt man heiße Zuckerlösung aus 6 l Wasser und 2 kg Zucker zu. Außerdem werden 1 g Kaliumpyrosulfit und 70 g 80-prozentige Milchsäure beigefügt. Nach dem Abkühlen gibt man Dessertwein-Flüssighefe (Gäransatz!) – z. B. Port – oder Trockenhefegranulat und 4 g Hefenährsalz hinzu. Nach etwa zwei Wochen zieht man von der Maische ab und verfährt wie in der „Allgemein gültigen Vorgehensweise" beschrieben (siehe S. 93).

Feigen benötigen ein mildes Klima, können bei uns aber als Kübelpflanzen gedeihen.
© azerbaijan_stockers/freepik

GRAPEFRUIT *(CITRUS X PARADISI)*

Wie aus Orangen lassen sich auch aus anderen Zitrusfrüchten Weine herstellen, wobei man allerdings kein allzu intensives Aroma erwarten darf. Da viele der heutigen Grapefruitzüchtungen nicht mehr so viele Bitterstoffe enthalten und sehr saftreiche Sorten im Handel angeboten werden, kann man auch mal einen Versuch mit der Zubereitung von Grapefruitwein starten.

Dessertwein

Saftgärung in einem 15-l-Gärbehälter

6–8 kg (je nach Saftausbeute) Grapefruit werden ausgepresst. Den Saft mischt man mit heißer Zuckerlösung aus 5 l (4,75 l) Wasser und 2,5 kg (2,0 kg) Zucker. Außerdem werden 1 g Kaliumpyrosulfit und 30 g (10 g) 80-prozentige Milchsäure hinzugefügt. Nach dem Abkühlen gibt man Dessertwein-Flüssighefe (Gäransatz!) – z. B. Sauternes – oder Trockenhefegranulat und 4 g Hefenährsalz hinzu. Nach Beendigung der Gärung verfährt man wie in der „Allgemein gültigen Vorgehensweise“ beschrieben (siehe S. 93). Klärt sich der fertige Wein nicht vollständig, kann durch nacheinander erfolgende Zugaben von 5 ml Antigel, 5–10 ml 15-prozentigem Kieselsol und 0,5–1 g Gelatine geschönt werden.

Da Grapefruits nicht mehr so viele Bitterstoffe wie früher enthalten, kann man aus ihnen auch Wein zubereiten. © G. Lehari

Mostgewicht: 37 °Oe
Zuckerfreier Extrakt: 30 g/l
Wassergehalt: 83–91 %
Saftausbeute: bis zu 75 %
Zucker: 75–100 g/l
Gesamtsäure: 11–16 g/l

HAGEBUTTE *(ROSA CANINA)*

Hagebutten sind die Früchte der Wilden oder Gemeinen Heckenrose, die auch Hundsrose genannt wird. Die leuchtend roten Früchte reifen in den Monaten September bis Oktober. Direkt vor der Reife besitzen sie den höchsten Vitamin-C-Gehalt.

Hagebutten wurden schon früher zu Saft, Konfitüre, Tee und Wein verarbeitet. Beim Sammeln der Früchte sollte man darauf achten, dass sie nicht zu vielen Autoabgasen ausgesetzt worden sind, da Heckenrosen hauptsächlich an Straßenrändern angepflanzt werden. Außerdem sollte man glatte Leder- oder Gummihandschuhe beim Pflücken tragen, da sich die Stacheln (nicht Dornen!) tief in die Haut bohren können und einen dann regelrecht festhalten. Nicht nur das Pflücken, auch die weitere Verarbeitung ist recht mühsam. Die Früchte müssen „geputzt“ werden, das heißt, Stielansätze und Blüten müssen entfernt werden. Die gewaschenen Hagebutten werden dann gemahlen oder zerkleinert und mit heißer Zuckerlösung übergossen (mazeriert). Etwa zehn Tage lang führt man dann eine Maischegärung durch. Der Trester des ersten Abstiches kann noch einmal mit neuer Zuckerlösung fünf Tage lang vergoren werden. Beim Hagebuttenwein wirkt sich die Sherryisierung vorteilhaft auf den Geschmack aus. Daher braucht nicht oder nur wenig geschwefelt werden und der Wein kann ruhig mit Luft in Berührung kommen.

Werte bezogen auf ausgepresstes Fruchtfleisch-Wasser-Gemisch im Verhältnis 1:1
Mostgewicht: 41 °Oe
Gesamtsäure: 6–7 g/l

Werte bezogen auf Fruchtfleisch
Wassergehalt: 41–55 %
Zuckerfreier Extrakt: 210-260 g/kg
Zucker: 12–21 g/l
Gesamtsäure: 2–4 %

Hagebutten reifen in den Monaten September und Oktober. © montypeter/freepik

Dessertwein
Maischegärung in einem 15-l-Gärbehälter
3 kg Hagebutten werden gewaschen, von Blüten und Stielresten befreit, zerkleinert und mit heißer Zuckerlösung aus 8 l (8,5 l) Wasser und 2,5 kg (2 kg) Zucker überbrüht. Dann setzt man 1 g Kaliumpyrosulfit sowie 60 g (40 g) 80-prozentige Milchsäure zu. Nach dem Abkühlen gibt man Dessertwein-Flüssighefe (Gäransatz!) – z. B. Sherry – oder Trockenhefegranulat und 4 g Hefenährsalz zu. Nach zehn Tagen zieht man von der Maische ab. Die weiteren Arbeitsgänge werden in der „Allgemein gültigen Vorgehensweise“ beschrieben (siehe S. 93). Allerdings braucht Hagebuttenwein nicht unbedingt weiter geschwefelt werden. Klärt sich der fertige Wein nicht vollständig, kann durch nacheinander erfolgende Zugaben von 20 ml Antigel und 0,5–2 g Agar-Agar geschönt werden.

HEIDELBEERE *(VACCINIUM MYRTILLUS)*

Die aus den unscheinbaren, blassrosa gefärbten Blüten hervorgehenden, blauschwarzen, bereiften Früchte reifen je nach Höhenlage des Standortes ab Ende Juli. Der gerbstoffreiche Saft fand in der Medizin wegen der adstringierenden Wirkung Verwendung bei Entzündungen des Mund- und Rachenraumes und Erkrankungen des Verdauungstraktes. Die stark färbenden Waldheidelbeeren ergeben einen guten Rotwein, der seine beste Qualität erst nach einigen Jahren erreicht. Auch aus Kulturheidelbeeren (mit hellem Fruchtfleisch) kann man Wein bereiten. Seine Farbe ist jedoch bei weitem nicht so intensiv wie bei Wein aus Waldheidelbeeren. Die Früchte werden als Maische vergoren.

Noch besser als Gartenheidelbeeren schmecken Waldheidelbeeren. © fotobomb/freepik

Mostgewicht: 40 °Oe
Wassergehalt: 79–90 %
Zucker: 20–100 g/l
Gesamtsäure: 11–15 g/l

Dessertwein

Maischegärung in einem 15-l-Gärbehälter

5 kg Heidelbeeren werden zerdrückt und mit 15 ml Antigel mindestens zehn Stunden stehen gelassen. Dann gibt man heiße Zuckerlösung aus 5 l (4,5 l) Wasser und 2,5 kg (2 kg) Zucker sowie 1 g Kaliumpyrosulfit und 30 g (–) 80-prozentige Milchsäure zu. Nach dem Abkühlen setzt man Dessertwein-Flüssighefe (Gäransatz!) – z. B. Burgunder – oder Trockenhefegranulat und 4 g Hefenährsalz zu. Nach einer Woche zieht man von der Maische ab. Die weiteren notwendigen Arbeitsgänge werden in der „Allgemein gültigen Vorgehensweise" beschrieben (siehe S. 93). Klärt sich der fertige Wein nicht vollständig, kann durch nacheinander erfolgende Zugaben von 10 ml 15-prozentigem Kieselsol und 0,5 g Gelatine geschönt werden.

HIMBEERE *(RUBUS IDAEUS)*

Die Himbeere ist eine Sammelnussfrucht, die sich aus zahlreichen behaarten Steinfrüchten zusammensetzt. Haben die Früchte den Reifezustand erreicht, bei dem sie das meiste Aroma entfalten, lassen sie sich leicht abpflücken. Da Himbeeren nach der Ernte sehr schnell anfangen zu schimmeln, sollte man sie unverzüglich verarbeiten und für die Weinbereitung ausreichend schwefeln. Himbeerwein hat gewöhnlich ein sehr starkes Aroma und eignet sich daher besonders zum Verschneiden mit anderen, weniger aromatischen Weinen. Zum Nachsüßen kann man Himbeersirup verwenden, um den typischen Geschmack noch zu unterstreichen. Himbeeren werden als Maische bei einer möglichst niedrigen Temperatur vergoren.

Neben roten gibt es auch gelbe Himbeeren, aus denen sich ein toller Fruchtwein erzeugen lässt.
© C. Narzt

Neben den roten Himbeeren gibt es auch Sorten mit gelben Früchten. Diese schmecken sehr ähnlich wie die normalen roten Früchte, weisen jedoch einen höheren Säureanteil auf. Dieser Wein kann für den Hobbywinzer wegen seiner intensiv gelb leuchtenden Farbe ein besonderes Highlight sein.

Mostgewicht: 30–50 °Oe
Zuckerfreier Extrakt: 40 g/l
Wassergehalt: 75–91 %
Saftausbeute: 65–84 %
Zucker: 50–90 g/l
Gesamtsäure: 12–21 g/l

Dessertwein

Maischegärung in einem 15-l-Gärbehälter

4 kg Himbeeren werden zerdrückt und sofort mit 1 g Kaliumpyrosulfit geschwefelt und mit 10 ml Antigel versetzt. Nach zehn Stunden vermischt man mit heißer Zuckerlösung aus 5,5 l (6 l) Wasser und 2,5 kg (2 kg) Zucker und setzt 30 g (–) 80- prozentige Milchsäure zu. Nach dem Abkühlen gibt man Dessertwein-

Flüssighefe (Gäransatz!) – z. B. Burgunder – oder Trockenhefegranulat und 4 g Hefenährsalz zu. Nach einer Woche zieht man von der Maische ab. Die weiteren Arbeitsgänge werden in der „Allgemein gültigen Vorgehensweise" beschrieben (siehe S. 93). Klärt sich der fertige Wein nicht vollständig, kann durch nacheinander erfolgende Zugaben von 5 ml 15-prozentigem Kieselsol und 0,5 g Gelatine geschönt werden.

Dessertwein mit Gelben Himbeeren

Maischegärung in einem 10-l-Gärbehälter

3 kg Gelbe Himbeeren werden zerdrückt und sofort mit 1 g Kaliumpyrosulfit geschwefelt und mit 10 ml Antigel versetzt. Nach zehn Stunden vermischt man mit heißer Zuckerlösung aus 5 l (5,5 l) Wasser und 2,5 kg (1,5 kg) Zucker und setzt anfangs keine Milchsäure zu! Je nach verwendeter Sorte und Reife der Früchte muss die Säure später gemessen und gegebenenfalls nachgesäuert werden. Nach dem Abkühlen gibt man Dessertwein-Flüssighefe (Gäransatz!) – z. B. Steinberg – oder Trockenhefegranulat und 3 g Hefenährsalz zu. Nach ein bis zwei Wochen zieht man von der Maische ab. Die weiteren Arbeitsgänge werden in der „Allgemein gültigen Vorgehensweise" beschrieben (siehe S. 93). Klärt sich der fertige Wein nicht vollständig, kann wie oben beschrieben geklärt werden.

SCHWARZER HOLUNDER *(SAMBUCUS NIGRA)*

Die weißen, stark duftenden Blütendolden werden – in Teig ausgebacken – als sogenannte „Hollerküchle" gegessen. Weiterhin kann man aus ihnen einen sehr aromatischen Wein bereiten, der den typischen Duft und Geschmack dieser Blüten behält. Zur Weinbereitung aus Holunderblüten werden nur die kleinen, sternenförmigen Blütenblätter verwendet. Um diese leichter abtrennen zu können, lässt man die abgeschnittenen Dolden einen Tag an der Luft trocknen. Danach lassen sich die Blütenblätter mühelos abstreifen. Mit diesen führt man dann eine Art Maischegärung durch, wie im Kapitel über Blütenweine (siehe S. 137) beschrieben.

Noch vielfältiger als die Blüten lassen sich die reifen Holunderbeeren verwenden. Holunderbeeren sollten nur vollreif geerntet werden. Sie besitzen dann eine tiefschwarze Farbe. Bei der Verarbeitung sollte man vorsichtig sein, da die Flecken des Holunderbeersaftes aus allen Geweben nur sehr schwer zu entfernen sind.

Zur Verarbeitung werden die Früchte einzeln von den Dolden abgezupft oder mit einer Gabel abgestreift. Sehr verbreitet ist die Verarbeitung von Holunderbeeren zu Saft, Suppe, Marmelade und natürlich Wein. Stiele und unreife Früchte sollten möglichst nicht mitverwendet werden.

Vor der Verarbeitung sollten die Holunderbeeren von den Dolden abgezupft werden.
© G. Lehari

Für die Weinbereitung erhitzt man die Früchte zunächst 20 Minuten lang auf 80 °C. Am besten gibt man von vornherein etwa die halbe Menge der Früchte an Wasser dazu (z. B. 3 l Wasser auf 6 kg Früchte) und presst dann den Saft ab. Verarbeitet man nämlich nur den Saft weiter, klärt sich der Wein später sehr gut, was bei einer Maischegärung eventuell nicht der Fall ist.

Die Holunderbeeren müssen vor der Weiterverarbeitung erhitzt werden, damit der in ihnen enthaltene Stoff Sambunigrin, der vorwiegend in unreifen Früchten enthalten ist, aber während der Reifezeit nicht vollständig abgebaut wird und Übelkeit und Erbrechen hervorruft, unschädlich gemacht wird. Bei der Weinbereitung sollte man weiterhin berücksichtigen, dass Holunderbeeren einen hohen Gerbstoffgehalt haben.

Für die Weinbereitung sollte Holunder nur vollreif geerntet werden. © G. Lehari

Mostgewicht: 42 °Oe
Zuckerfreier Extrakt: 50 g/l
Wassergehalt: 75–85 %
Zucker: 50–90 g/l
Gesamtsäure: 7–16 g/l

Dessertwein

Saftgärung

4 kg Holunderbeeren werden mit 2 l Wasser mindestens 20 Minuten auf 80 °C erhitzt. Man presst den Saft ab und mischt mit Zuckerlösung aus 3,5 l (4 l) Wasser und 2,5 kg (2 kg) Zucker und setzt 1 g Kaliumpyrosulfit sowie 50 g (20 g) 80-prozentige Milchsäure zu. Nach dem Abkühlen gibt man Dessertwein-Flüssighefe (Gäransatz!) – z. B. Port – oder Trockenhefegranulat und 4 g Hefenährsalz zu. Nach Beendigung der Gärung verfährt man weiter wie in der „Allgemein gültigen Vorgehensweise“ beschrieben (siehe S. 93). Ein aus Holunderbeerensaft erzeugter Wein klärt sich normalerweise sehr gut.

JOHANNISBEERE, ROTE JOHANNISBEERE *(RIBES RUBRUM)*

Aus den sehr viel Säure enthaltenden Früchten lassen sich neben Gelees auch ausgezeichnete Weine von leuchtend roter Farbe herstellen. Auch die Weißen Johannisbeeren, die im Geschmack süßer als ihre roten Verwandten sind, lassen sich entweder allein oder gemischt mit anderen Johannisbeerarten ebenso gut verarbeiten. Sowohl Roten als auch Weißen Johannisbeeren wird harntreibende und blutreinigende Wirkung nachgesagt.

Dessertwein

Saftgärung

4 kg Rote Johannisbeeren werden zerkleinert, mit 10 ml Antigel versetzt und mindestens zehn Stunden stehen gelassen. Der abgepresste Saft wird mit heißer Zuckerlösung aus 5,5 l (6 l) Wasser und 2,5 g (2 kg) Zucker und 1 g Kaliumpyrosulfit vermischt. Nach dem Abkühlen gibt man Dessertwein-Flüssighefe (Gäransatz!) – z. B. Sherry – oder Trockenhefegranulat und 4 g Hefenährsalz zu. Nach Beendigung der Gärung verfährt man weiter wie in der „Allgemein gültigen Vorgehensweise" beschrieben (siehe S. 93). Klärt sich der fertige Wein nicht vollständig, kann durch nacheinander erfolgende Zugaben von 5–10 ml 15-prozentigem Kieselsol und 0,5–1 g Gelatine geschönt werden.

Aus Roten Johannisbeeren lässt sich ein Wein mit leuchtender Farbe zubereiten. © G. Lehari

Mostgewicht: 44–54 °Oe
Zuckerfreier Extrakt: 50 g/l
Wassergehalt: 79–88 %
Zucker: 65–85 g/l
Gesamtsäure: 20–30 g/l

SCHWARZE JOHANNISBEERE *(RIBES NIGRUM)*

Schwarze Johannisbeeren erntet man mit Rappen, das heißt, man schneidet den kompletten beerentragenden Stiel ab und zupft dann erst die einzelnen Früchte ab. Diese Methode wird angewendet, damit der Strauch im kommenden Jahr wieder reichlich Früchte trägt. Schwarze Johannisbeeren strömen einen von vielen Menschen als unangenehm empfundenen Geruch aus. Auch der herbe Geschmack der Beeren ist nicht jedermanns Sache. Trotzdem lassen sich aus Schwarzen Johannisbeeren oder aus deren Mischungen mit anderen Beeren schmackhafte Marmeladen, Säfte und Weine herstellen. Die sehr viel Vitamin C enthaltenden Früchte gelten als Mittel gegen Gicht und Rheuma.

Will man die Früchte zu Wein verarbeiten, sollte man sie zunächst mit etwas Wasser aufkochen, da hierdurch einerseits der unangenehme Geruch verschwindet und andererseits die Saftausbeute erhöht wird.

Ein rein aus Schwarzen Johannisbeeren gekelterter Wein ist mit einem guten französischen Rotwein zu vergleichen. Allerdings sollte der Wein zur Erlangung der besten Qualität mindestens zwei Jahre lagern. Eine sehr

Rote, Weiße und Schwarze Johannisbeeren können einzeln oder kombiniert zu Wein verarbeitet werden. © rudoelena/freepik

gelungene Kombination für einen Mischwein ist die Verarbeitung von Schwarzen Johannisbeeren und Stachelbeeren zu gleichen Teilen.

Dessertwein

Saftgärung

2,5 kg Schwarze Johannisbeeren werden mit 2,5 l Wasser aufgekocht. Der abgepresste Saft wird mit 4 l (4,5 l) Wasser und 2,5 kg (2 kg) Zucker vermischt und mit 1 g Kaliumpyrosulfit geschwefelt. Nach dem Abkühlen gibt man Dessertwein-Flüssighefe (Gäransatz!) – z. B. Port- oder Trockenhefegranulat- und 4 g Hefenährsalz zu. Nach Beendigung der Gärung verfährt man weiter wie in der „Allgemein gültigen Vorgehensweise" beschrieben (siehe S. 93). Klärt sich der fertige Wein nicht vollständig, kann durch nacheinander erfolgende Zugaben von 5 ml 15-prozentigem Kieselsol und 0,5 g Gelatine geschönt werden.

Mostgewicht: 80 °Oe
Zuckerfreier Extrakt: 80 g/l
Wassergehalt: 75–86 %
Saftausbeute: 64–79 %
Zucker: 70–140 g/l
Gesamtsäure: 30–56 g/l

KIRSCHE, SÜSSKIRSCHE *(PRUNUS AVIUM)*, SAUERKIRSCHE/WEICHSEL *(PRUNUS CERASUS)*

Kirschen gehören zum Steinobst. Die Süßkirsche blüht im April und ab Juni sind die Früchte reif. Die Sauerkirsche oder auch Weichsel reift wesentlich später als die Süßkirsche. Die Früchte sind weich und platzen schnell auf.

Kirschen sollen als Rheumamittel und zur Blutbildung dienen. Da der Zuckeranteil vorwiegend aus Fruktose besteht, sind sie auch für Diabetiker zum Verzehr geeignet.

Bei jeglicher Verarbeitung von Kirschen muss man darauf achten, dass die Steine nicht zerstört werden, da sie hochgiftige Blausäure enthalten. Auch bei der Weiterverarbeitung zu Wein ist darauf zu achten, dass nicht mehr als 5 Prozent, allerhöchstens 10 Prozent, der Steine beschädigt werden. Wird nur ein kleiner Teil der Steine beschädigt, erhält der Wein einen Hauch von Bittermandelaroma. Besonders beim Brennen von Kirschgeist ist dieses Aroma erwünscht. Die Eignung der beiden Kirscharten (süß und sauer) für die Weinbereitung ist umstritten. Meistens wird die Meinung vertreten, Süßkirschen würden sich wegen des niedrigen Säuregehaltes nur zum Verschneiden mit Sauerkirschen und Johannisbeeren eignen. Sauerkirschen würden dagegen einen hervorragenden Wein ergeben. Besonders geeignet sind die dunkelroten Sorten. Man zerstampft die Früchte, führt zwei bis vier Tage eine Maischegärung durch und vergärt dann den Saft weiter.

Aber auch mit der Erzeugung von Wein aus Süßkirschen wurden bisher gute Erfahrungen gemacht. Die Früchte werden mit Wasser aufgekocht und abgepresst, wo-

Kirschen gibt es auch in Gelb. Aus Süßkirschen macht man am besten einen süßen Dessertwein.
© C. Narzt

bei mit dem Trester noch zweimal ebenso verfahren wird. Der Säuregehalt muss natürlich korrigiert werden. Man erhält einen gehaltvollen, lieblichen Rotwein, der auch nach Jahren der Lagerung ein volles Bukett aufweist. Wie schon vorher erwähnt, sollte der Säuregehalt einer Fruchtart nicht unbedingt über Eignung bzw. Nichteignung für die Weinbereitung entscheiden, da man ohnehin meistens mit Milchsäure nachsäuern muss, was aber keine Qualitätseinbuße zur Folge hat.

SÜSSKIRSCHE
Mostgewicht: 56–87 °Oe
Zuckerfreier Extrakt: 58 g/l
Wassergehalt: 78–86 %
Zucker: 100–170 g/l
Gesamtsäure: 5–11 g/l

SAUERKIRSCHE/WEICHSEL
Mostgewicht: 57 °Oe
Zuckerfreier Extrakt: 55 g/l
Wassergehalt: 78–88 %
Zucker: 65–95 g/l
Gesamtsäure: 12–22 g/l

Dessertwein

Saftgärung

8 kg Süßkirschen werden grob zerkleinert (Steine nicht beschädigen!) und mit 1 l Wasser aufgekocht. Der Saft wird abgepresst. Der Trester wird noch zweimal mit je 1 l Wasser aufgekocht und abgepresst. Den gewonnenen, noch heißen Saft mischt man mit 2 kg (1,5 kg) Zucker und setzt 1 g Kaliumpyrosulfit sowie 30 g (–) 80-prozentige Milchsäure zu. Nach dem Abkühlen gibt man Dessertwein-Flüssighefe (Gäransatz!) – z. B. Burgunder – oder Trockenhefegranulat und 4 g Hefenährsalz zu. Nach Beendigung der Gärung verfährt man weiter wie in der „Allgemein gültigen Vorgehensweise“

Sauerkirschen eignen sich hervorragend für einen Fruchtwein. © asmedvednikov/freepik

beschrieben (siehe S. 93). Klärt sich der fertige Wein nicht vollständig, kann durch nacheinander erfolgende Zugaben von 15 ml Antigel 5–10 ml 15-prozentigem Kieselsol und 0,5–1 g Gelatine geschönt werden.

Dessertwein

Maischegärung in einem 15-l-Gärbehälter

5 kg Sauerkirschen werden grob zerkleinert (Steine nicht beschädigen!) und mit heißer Zuckerlösung aus 4,5 l (5 l) Wasser und 2,5 kg (1,75 kg) Zucker überbrüht. Dann setzt man 1 g Kaliumpyrosulfit zu. Nach dem Abkühlen gibt man Dessertwein-Flüssighefe (Gäransatz!) – z. B. Burgunder – oder Trockenhefegranulat und 4 g Hefenährsalz zu. Nach zwei bis vier Tagen zieht man von der Maische ab. Die weiteren notwendigen Arbeitsgänge werden in der „Allgemein gültigen Vorgehensweise“ beschrieben (siehe S. 93). Klärt sich der fertige Wein nicht vollständig, kann wie bei Süßkirschwein geschönt werden.

KIWI *(ACTINIDIA CHINENSIS)*

Galt die Kiwi noch vor zehn oder zwanzig Jahren als Exot in der Obstabteilung, gehört sie heute zu den Früchten, die das ganze Jahr über frisch aus den unterschiedlichsten Erzeugerländern importiert bei uns angeboten werden. Die auch als Chinesische Stachelbeere bezeichnete Frucht gehört zu einer Pflanzenfamilie mit dem ungewöhnlichen Namen „Strahlengriffel". Schneidet man die Frucht quer durch, versteht man, wie es zu dieser Bezeichnung gekommen ist. Um einen weißen Mittelteil, den ehemaligen Blütengriffel, sind strahlenförmig viele Kammern angeordnet, in die zahlreiche winzige schwarze Samen eingebettet sind. Das Fruchtfleisch ist grün und sehr saftig. Mit zunehmender Reife verliert die Frucht an Säure. Sie wird rasch weich, sobald der optimale Reifegrad überschritten ist.

Kiwis enthalten viele Vitamine und Mineralstoffe. Allein ihr Vitamin-C-Gehalt ist etwa doppelt so hoch wie der von Zitrusfrüchten. Zudem enthalten sie ein Eiweiß spaltendes Enzym mit Namen Actinidin, das wie ein Fleischzartmacher wirkt und die Zersetzung von Proteinen fördert. Daher ist der Zusatz von Antigel, das ja ein Enzym und somit auch ein Protein ist, nicht sinnvoll, da es von dem Actinidin zersetzt werden würde. Da Kiwis nicht sehr pektinhaltig sind, ist die Saftausbeute auch ohne den Einsatz von Antigel hoch genug.

Die Kiwi gehört bei uns heute das ganze Jahr über zum Angebot in der Obsttheke. © G. Lehari

Dessertwein

Maischegärung in einem 15-l-Gärbehälter

4 kg Kiwis werden geschält, zerkleinert und mit einer heißen Zuckerlösung aus 5,5 l (6,0 l) Wasser und 2,5 kg (1,75 kg) Zucker überbrüht. Außerdem werden 1 g Kaliumpyrosulfit und 40 g (20 g) 80-prozentige Milchsäure hinzugefügt. Nach dem Abkühlen gibt man Dessertwein-Flüssighefe (Gäransatz!) – z. B. Malaga – oder Trockenhefegranulat und 4 g Hefenährsalz hinzu. Nach ein bis zwei Wochen zieht man von der Maische ab und verfährt weiter wie in der „Allgemein gültigen Vorgehensweise" beschrieben (siehe S. 93). Klärt sich der fertige Wein nicht vollständig, kann durch nacheinander erfolgende Zugaben von 10 ml Antigel (nach der Vergärung sind die Eiweiß spaltenden Enzyme nicht mehr wirksam) und 1 g Agar-Agar geschönt werden.

Mostgewicht: 50–65 °Oe
Zuckerfreier Extrakt: 60 g/l
Wassergehalt: 80–85 %
Zucker: 100–130 g/l
Gesamtsäure: durchschnittlich 16 g/l

KORNELKIRSCHE *(CORNUS MAS)*

Eine bei vielen in Vergessenheit geratene Wildfrucht ist die Kornelkirsche. Sie gehört zu den Hartriegelgewächsen und wird auch häufig in Gärten angepflanzt. Ihr Wuchs ist meistens strauchartig, seltener auch baumartig, und sie erreicht eine Höhe von bis zu 7 m. Die gelben Blüten erscheinen noch vor den Laubblättern im März oder April und locken mit ihrem Nektar die ersten fliegenden Insekten an. Im September färben sich die ovalen Früchte mit zunehmender Reife leuchtend rot. Sie werden 2–3 cm, bei manchen Neuzüchtungen auch bis zu 4 cm groß. Für die Sammlung dieser Früchte empfiehlt es sich ein Netz unter dem Strauch auszubreiten und über mehrere Wochen regelmäßig die Früchte einzusammeln. Die Früchte können dafür auch ohne Geschmackseinbuße tiefgefroren werden.

Das weiche, süß-säuerliche Fruchtfleisch enthält viel Vitamin C. Nicht nur Rinde und Blätter, sondern auch die Früchte enthalten Gerbsäure, die erst mit vollständiger Reife weitgehend abgebaut ist. Da die Früchte einen extrem hohen Säuregehalt haben, braucht bei der Weinbereitung keine Milchsäure zugesetzt werden.

Kornelkirschen können sehr unterschiedlich reifen. © C. Narzt

Dessertwein

Maischegärung in einem 15-l-Gärbehälter

5 kg Kornelkirschen werden gewaschen und mit einem Kartoffelstampfer oder Ähnlichem grob zerdrückt, ohne vorher entsteint zu werden, da das Entfernen der Steine zu mühsam wäre und zu viel Fruchtfleisch verlorengehen würde. Dann vermischt man die Früchte mit 3 l Wasser und 10 ml Antigel und lässt das Ganze mindestens zehn Stunden stehen. Anschließend setzt man heiße Zuckerlösung aus 3 l (3,5 l) Wasser und 2,5 kg (1,75 kg) Zucker zu. Außerdem werden 1 g Kaliumpyrosulfit und 20 g (5 g) 80-prozentige Milchsäure beigefügt. Nach dem Abkühlen gibt man Dessertwein-Flüssighefe (Gäransatz!) – z. B. Burgunder – oder Trockenhefegranulat und 4 g Hefenährsalz hinzu. Nach etwa zwei Wochen zieht man von der Maische ab und verfährt weiter wie in der „Allgemein gültigen Vorgehensweise“ beschrieben (siehe S. 93). Klärt sich der fertige Wein nicht vollständig, kann durch nacheinander erfolgende Zugaben von 5–10 ml 15-prozentigem Kieselsol und 0,5–1 g Gelatine geschönt werden. Die Praxis zeigt jedoch, dass dieser Wein fast immer von selbst sehr gut klärt.

Mostgewicht: 64 °Oe
Zuckerfreier Extrakt: 52 g/l
Wassergehalt: 50 %
Zucker: 100–130 g/l
Gesamtsäure: 30 g/l

MIRABELLE *(PRUNUS DOMESTICA INSITITIA VAR. CEREA)*

Die Mirabelle stellt einen Abkömmling der Pflaume oder Zwetschke dar. Die Früchte sind kleiner, kugelrund und im reifen Zustand gelb, eventuell mit einem rötlichen Schimmer. Das Fruchtfleisch ist fest, relativ trocken und sehr süß. Die Früchte werden an der Luft sehr schnell braun, was man durch sofortigen Zusatz von Kaliumpyrosulfit oder Ascorbinsäure vermeiden kann. Das bekannteste Erzeugnis aus diesen Früchten ist wohl der Mirabellenschnaps. Aber auch Wein lässt sich aus diesen kleinen Pflaumen bereiten. Zunächst entfernt man die relativ großen Steine. Diese dürfen auf keinen Fall in die Maische geraten, da sie auch schon, ohne zerstört zu werden, Blausäure durch die Wand freisetzen. Die entsteinten Früchte werden zerkleinert und wegen des hohen Pektingehaltes ausreichend mit Antigel versetzt. Die so behandelte Maische wird vergoren und nach etwa einer Woche abgepresst. Diese Weine klären im Allgemeinen sehr schlecht, da trotz pektinspaltender Enzyme immer noch Pektin im Wein erhalten bleibt.

Mostgewicht: 96 °Oe
Zuckerfreier Extrakt: 63 g/l
Zucker: 165 g/l
Gesamtsäure: 3–9 g/l

Dessertwein

Maischegärung in einem 15-l-Gärbehälter

1 kg Mirabellen werden entsteint, zerkleinert, mit 1 g Kaliumpyrosulfit geschwefelt und mit heißer Zuckerlösung aus 4,25 l (4,75 l) Wasser und 2 kg (1,5 kg) Zucker sowie 50 g (20 g) 80-prozentige Milchsäure gemischt. Nach dem Abkühlen gibt man 20 ml Antigel und Dessertwein-Flüssighefe (Gäransatz!) – z. B. Malaga – oder Trockenhefegranulat und 4 g Hefenährsalz zu. Nach einer Woche zieht man von der Maische ab. Die weiteren Arbeitsschritte werden in der „Allgemein gültigen Vorgehensweise" beschrieben (siehe S. 93). Klärt sich der fertige Wein nicht vollständig, kann durch nacheinander erfolgende Zugaben von 20 ml Antigel, 10–20 ml 15-prozentigem Kieselsol und 1–2 g Gelatine geschönt werden.

MISPEL/ASPERL *(MESPILUS GERMANICA)*

Die Mispel ist eine bei vielen in Vergessenheit geratene Obstsorte in unseren Gärten oder in der freien Natur. Früher waren die Früchte eine wichtige Nahrungsquelle und wurden auch wegen ihrer heilenden Eigenschaften geschätzt.

Mispeln sind bis zu sechs Meter hoch wachsende Sträucher mit großen Blättern. Die Früchte ähneln kleinen, braunen, von einem Kranz verlängerter Kelchblätter umgebenen Äpfeln. Die Früchte der Mispel sind nicht besonders schmackhaft und roh erst in überreifem Zustand genießbar. Sie enthalten relativ große Mengen an Zucker, Apfelsäure, Pektin und viele Vitamine und Nährstoffe. In der Naturheilkunde werden die Früchte seit dem Mittelalter bei Fieber und Durchfall eingesetzt.

Die Früchte reifen erst sehr spät im Herbst und man sollte nur überreife Früchte verwenden und – ähnlich wie bei Hagebutten – den ersten Frost abwarten, bevor man sie vorsichtig erntet, da die Früchte dann bereits sehr weich sind. Danach kann man die Mispeln auch noch einige Wochen nachreifen lassen.

Reiner Mispelwein ist mit den Inhaltsstoffen der Mispel sehr gut möglich und hat einen eigenständigen, teilweise ungewohnten Geschmack. Eine gute Kombinationsmöglichkeit für einen Mehrfruchtwein stellen Äpfel, Birnen, Quitten oder auch Hagebutten dar.

Wegen des hohen Gerbstoffgehaltes werden fallweise auch ein paar wenige Mispeln Apfelweinen zugesetzt.

Dessertwein

Maischegärung in einem 15-l-Gärbehälter

6 kg Mispeln werden mit einem Kartoffelstampfer oder Ähnlichem grob zerdrückt. Dann vermischt man die Früchte mit 3 l Wasser und 15 ml Antigel und lässt das Ganze mindestens zehn Stunden stehen. Anschließend setzt man heiße Zuckerlösung aus 3 l (4 l) Wasser und 2 kg (1,5 kg) Zucker zu. Außerdem werden 1 g Kaliumpyrosulfit und 10 g (5 g) 80-prozentige Milchsäure beigefügt. Nach dem Abkühlen gibt man Dessertwein-Flüssighefe (Gäransatz!) – z. B. Burgunder – oder Trockenhefegranulat und 4 g Hefenährsalz hinzu. Nach etwa zwei Wochen zieht man von der Maische ab und verfährt weiter wie in der „Allgemein gültigen Vorgehensweise" beschrieben (siehe S. 93). Klärt sich der fertige Wein nicht vollständig, kann durch nacheinander erfolgende Zugaben von 10 ml 15-prozentigem Kieselsol und 1 g Gelatine geschönt werden.

Mostgewicht: 75-110 °Oe
Wassergehalt: 78-88 %
Zucker: 100–110 g/l
Gesamtsäure: 10-15 g/l

Mispeln reifen sehr spät und werden erst nach dem ersten Frost geerntet. © Esin Deniz/freepik

ORANGE *(CITRUS SINENSIS)*

Die Orange ist die bei uns am häufigsten verzehrte Zitrusfrucht. Die klimatische Lage des Anbaugebietes wirkt sich auf die Qualität der Früchte aus. Orangen aus subtropischen Ländern besitzen ein zartes Fruchtfleisch und eine kräftige Färbung. Tropische Orangen zeichnen sich durch einen sehr hohen Saftgehalt aus. Aus der Sicht des Hobbywinzers wären demnach tropische Früchte vorzuziehen. Aber die aus uns näher gelegenen Ländern stammenden Orangen werden im Allgemeinen preiswerter angeboten, sodass man besonders für größere Weinmengen diesen Orangen den Vorzug geben sollte.

Orangenwein sollte auf dem Wege der Saftgärung hergestellt werden, da die weißen Häute (das Albedo) wegen ihres bitteren Geschmackes auf keinen Fall in den Weinansatz gelangen sollten. Am besten presst man die Orange mit einer (elektrischen) Zitruspresse aus. Man kann sie auch schälen, zerkleinern und mit dem Entsafter verarbeiten.

Während der Gärung entweicht Schwefelwasserstoff (Geruch nach faulen Eiern), was aber völlig normal ist. Keine Angst, das ist kein Schwefelböckser!

Um nach der Gärung dem fertigen Wein ein intensiveres Orangenaroma zu verleihen, hängt man ein bis zwei Tage, je nach gewünschter Intensität, ein Leinensäckchen, gefüllt mit getrockneten Orangenschalen, die im Reformhaus erhältlich sind, in den Wein. Nach Entfernen der Schalen kann der Wein abgefüllt werden.

Für die Weinbereitung aus Mandarinen (*Citrus nobilis*) und verwandten Sorten, wie Clementinen und Satsumas, gilt im Prinzip das Gleiche wie für die Orangen. Allerdings eignen sich diese Früchte nur bedingt für die Weinbereitung, da die Saftausbeute wesentlich geringer als bei der Orange ausfällt.

Dessertwein

Saftgärung

10 kg Orangen werden ausgepresst. Den Saft mischt man mit heißer Zuckerlösung aus 4 l (4,5 l) Wasser und 2,5 kg (1,75 kg) Zucker und setzt 1 g Kaliumpyrosulfit sowie 30 g (–) 80-prozentige Milchsäure zu. Nach dem Abkühlen gibt man Dessertwein-Flüssighefe (Gäransatz!) – z. B. Sauternes – oder Trockenhefegranulat und 4 g Hefenährsalz zu. Nach Beendigung der Gärung verfährt man weiter wie in der „Allgemein gültigen Vorgehensweise“ beschrieben (siehe S. 93). Klärt sich der fertige Wein nicht vollständig, kann durch nacheinander erfolgende Zugaben von 5 ml Antigel, 5–10 ml 15-prozentigem Kieselsol und 0,5–1 g Gelatine geschönt werden.

Mostgewicht: 46 °Oe
Zuckerfreier Extrakt: 41 g/l
Wassergehalt: 84–90 %
Saftausbeute: 35–50 %
Zucker: 78 g/l
Gesamtsäure: 5–20 g/l

Für den Orangenwein sollte nur der Saft vergoren werden. © pablesku/freepik

PFIRSICH *(PRUNUS PERSICA)*

Die kugeligen Früchte mit dem gelben, saftigen Fruchtfleisch sind von einer samtig behaarten Haut überzogen. Der große, gefurchte Stein enthält den blausäurehaltigen Samen.

Sind die Früchte richtig reif, lässt sich das Fruchtfleisch leicht vom Stein lösen. Ebenso wird der hohe Pektingehalt mit zunehmender Reife allmählich abgebaut. Daher sollte man zur Weinbereitung überreife Früchte bevorzugen, da sie sich ohnehin für den Rohverzehr nicht mehr so gut eignen. Der mit Antigel versetzte Fruchtbrei wird als Maische vergoren. Auch Dosenfrüchte lassen sich zu Wein verarbeiten.

Die eng mit dem Pfirsich verwandte Nektarine wird besonders wegen ihrer glatten Schale geschätzt, die immer mitgegessen werden kann, wogegen es sich bei manchen Pfirsichsorten empfiehlt, die pelzige Haut vor dem Verzehr abzuziehen. Im Geschmack sind Nektarinen den Pfirsichen recht ähnlich und lassen sich ebenso gut zu Wein verarbeiten.

Dessertwein

Maischegärung in einem 15-l-Gärbehälter

8 kg Pfirsiche werden entsteint, zerkleinert und mit 25 ml Antigel vermischt und mindestens zehn Stunden stehen gelassen. Dann überbrüht man mit heißer Zuckerlösung aus 3 l (3,5 l) Wasser und 2,25 kg (1,5 kg) Zucker und setzt 1 g Kaliumpyrosulfit sowie 40 g (5 g) 80-prozentige Milchsäure zu. Nach dem Abkühlen gibt man Dessertwein-Flüssighefe (Gäransatz!) – z. B. Sauternes – oder Trockenhefegranulat und 4 g Hefenährsalz zu. Nach einer Woche zieht man von der Maische ab. Die weiteren Arbeitsgänge werden in der „Allgemein gültigen Vorgehensweise“ beschrieben (siehe S. 93). Klärt sich der fertige Wein nicht vollständig, kann durch nacheinander erfolgende Zugaben von 15 ml Antigel, 10–20 ml 15-prozentigem Kieselsol und 1–2 g Gelatine geschönt werden.

Mostgewicht: 40 °Oe
Zuckerfreier Extrakt: 39 g/l
Wassergehalt: 80–89 %
Zucker: 85 g/l
Gesamtsäure: 6–9 g/l

Wer eigene Pfirsiche ernten kann, sollte auch mal einen Pfirsichwein versuchen. © C. Narzt

PFLAUME UND ZWETSCHGE *(PRUNUS DOMESTICA)*

Wegen ihres hohen Pektingehaltes bereiten Zwetschgen und Pflaumen einige Probleme bei der Verarbeitung zu Wein, besonders, was die Klärung des fertigen Weines betrifft. Man kann die Früchte auch zunächst heiß mit Wasser, dem etwas Soda zugesetzt wurde, abwaschen, um die Wachsschicht zu entfernen. Dann werden sie gut abgespült und entsteint. Die Entsteinung ist nicht notwendig, wenn die Steine unbeschädigt sind.

Die zerkleinerten Früchte, die man sofort mit Kaliumpyrosulfit vermischt, um eine Braunfärbung zu verhindern, werden mit kochendem Wasser überbrüht. Nach dem Abkühlen fügt man Antigel hinzu und setzt eine Maischegärung an. Nach ein bis zwei Wochen presst man ab und vergärt den Saft zu Ende.

Mostgewicht: 76–117 °Oe
Zuckerfreier Extrakt: 60–120 g/l
Wassergehalt: 81–86 %
Zucker: 90–160 g/l
Gesamtsäure: 5–15 g/l

© kosmachstok/freepik

Dessertwein

Maischegärung in einem 15-l-Behälter

6 kg Pflaumen werden entsteint, zerkleinert und sofort mit 1 g Kaliumpyrosulfit geschwefelt und mit heißer Zuckerlösung aus 5 l (5,5 l) Wasser und 2,25 kg (1,75 kg) Zucker überbrüht. Dann setzt man 40 g (10 g) 80-prozentige Milchsäure zu. Nach dem Abkühlen gibt man 15 ml Antigel und Dessertwein-Flüssighefe (Gäransatz!) – z. B. Sherry – oder Trockenhefegranulat und 4 g Hefenährsalz zu. Nach einer Woche zieht man von der Maische ab. Die weiteren Arbeitsgänge werden in der „Allgemein gültigen Vorgehensweise" beschrieben (siehe S. 93). Klärt sich der fertige Wein nicht vollständig, kann durch nacheinander erfolgende Zugaben von 20 ml Antigel, 10–20 ml 15-prozentigem Kieselsol und 1–2 g Gelatine geschönt werden.

PREISELBEERE *(VACCINIUM VITIS-IDAEA)*

Preiselbeeren reifen von August bis Oktober. Die rohen Früchte schmecken herb und mehlig; erst nach der Verarbeitung zu Kompott oder Konfitüre entfalten sie ihr volles Aroma. Wegen des hohen Säure- und Gerbstoffgehaltes eignen sie sich besonders für den Verschnitt zu Mehrfruchtweinen. Will man reinen Preiselbeerwein bereiten, muss man mindestens zwei- bis dreifach verdünnen, da ihr hoher Gehalt an Benzoesäure, die eine mikrobizide und dadurch konservierende Wirkung hat, die Gärung hemmen würde.

Man führt eine ein- bis zweiwöchige Maischegärung durch, die mit einem sehr aktiven Gäransatz gestartet werden muss, damit eine eventuelle Wirkung der Benzoesäure nicht zum Tragen kommt. Dann wird abgepresst und der Saft allein weiter vergoren. Wer die Gelegenheit hat, Moos- oder Rauschbeeren zu sammeln, kann diese nahen Verwandten der Preiselbeere auch bei der Weinbereitung einsetzen.

Mostgewicht: 30–50 °Oe
Wassergehalt: 83–89 %
Zucker: 40–85 g/l
Gesamtsäure: 15–30 g/l

Dessertwein
Maischegärung in einem 15-l-Gärbehälter
3 kg Preiselbeeren werden zerdrückt und mit 10 ml Antigel vermischt mindestens zehn Stunden stehen gelassen. Dann überbrüht man mit heißer Zuckerlösung aus 6,5 l (6 l) Wasser und 2 kg (2,75 kg) Zucker und setzt 1 g Kaliumpyrosulfit sowie 30 g (–) 80-prozentige Milchsäure zu. Nach dem Abkühlen gibt man Dessertwein-Flüssighefe (sehr aktiver Gäransatz!) – z. B. Malaga- oder Trockenhefegranulat und 4 g Hefenährsalz zu. Nach ein bis zwei Wochen zieht man von der Maische ab. Die weiteren Arbeitsschritte werden in der „Allgemein gültigen Vorgehensweise" beschrieben (siehe S. 93). Wegen des hohen Gerbstoffgehaltes der Früchte sollte sich der Wein von selbst gut klären.

QUITTE *(CYDONIA OBLONGA)*

Man unterscheidet Apfel- und Birnenquitten nach der Form der Früchte, wobei die Birnenquitten weicher und saftiger sind. Das Fruchtfleisch hat einen sehr hohen Pektingehalt und ist regelrecht holzig, sodass es zum rohen Verzehr nicht geeignet ist. Die Früchte sollten nach dem ersten Frost geerntet werden. Sie werden vorwiegend zu Kompott und Marmeladen verarbeitet.

Die Früchte strömen einen sehr aromatischen Duft aus. Da sich das harte Fruchtfleisch sehr schlecht entsaften lässt, ist die Verarbeitung zu Wein recht mühsam, obwohl man einen gehaltvollen Dessertwein erhält. Der Saft sollte wie bei allen Kernobstarten kalt abgepresst werden.

Alternativ kann man eine Maischegärung vornehmen, wobei man hierzu spezielle Geräte – Obstmühlen – zur Verkleinerung der harten Früchte benötigt.

Der Vorteil der Maischegärung liegt im noch intensiveren Aroma. Der Nachteil liegt in dem Aufwand für die Zerkleinerung der Früchte und in einer deutlich schlechteren Klärung des Weines.

Ein 10–20-prozentiger Zusatz von Quitten zu Apfel- oder Birnenwein verbessert das Aroma durch den hohen Gerbstoffgehalt erheblich. Ebenso lassen sich die Früchte der Japanischen Zierquitte (*Cydonia japonica*), die häufig als Zierstrauch angepflanzt wird, verarbeiten.

Mostgewicht: 44 °Oe
Zuckerfreier Extrakt: 41 g/l
Wassergehalt: 82–85 %
Zucker 60–100 g/l
Gesamtsäure: 3–4 g/l

Tafelwein

Saftgärung

10 kg Quitten werden kalt abgepresst. Der Saft wird mit Zuckerlösung aus 2 l Wasser und 0,75 kg Zucker und 1 g Kaliumpyrosulfit vermischt. Dann setzt man Tafelwein-Flüssighefe (Gäransatz!) – z. B. Steinberg – oder Trockenhefegranulat und 4 g Hefenährsalz zu. Nach Beendigung der Gärung verfährt man weiter wie in der „Allgemein gültigen Vorgehensweise" beschrieben (siehe S. 93).

Dessertwein

Saftgärung

10 kg Quitten werden kalt abgepresst. Den Saft mischt man mit Zuckerlösung aus 1,25 l (1,5 l) Wasser und 2 kg (1,5 kg) Zucker und 1 g Kaliumpyrosulfit sowie 50 g (20 g) 80-prozentiger Milchsäure. Nach dem Abkühlen gibt man Dessertwein-Flüssighefe (Gäransatz!) – z. B. Port – oder Trockenhefegranulat und 4 g Hefenährsalz zu. Nach Beendigung der Gärung verfährt man weiter wie in der „Allgemein gültigen Vorgehensweise" beschrieben (siehe S. 93). Klärt sich der fertige Wein nicht vollständig, kann durch nacheinander erfolgende Zugaben von 10 ml 15-prozentigem Kieselsol und 1–2 g Gelatine geschönt werden.

Maischegärung in einem 25-l-Gärbehälter

10 kg Quitten werden zerhäckselt, sofort mit 1–2 g Kaliumpyrosulfit geschwefelt und mit heißer Zuckerlösung aus 6,5 l (7 l) Wasser und 2,5 kg (2 kg) Zucker überbrüht.

Nach dem Abkühlen auf unter 50 °C gibt man 20 ml Antigel und Dessertwein-Flüssighefe (Gäransatz!) – z. B. Port – oder Trockenhefegranulat und 4 g Hefenährsalz zu. Nach zwei Wochen zieht man von der Maische ab. Nach Beendigung der Gärung verfährt man weiter wie in der „Allgemein gültigen Vorgehensweise" beschrieben (siehe S. 93). Klärt sich der fertige Wein nicht vollständig, kann wie bei Saftgärung geschönt werden. Eine mechanische Filtrierung durch Papierfilterschichten ist jedoch zumeist zusätzlich nötig, wenn man einen klaren Wein will.

© vastrams/freepik

RENEKLODE *(PRUNUS DOMESTICA ITALICA)*

Die Reneklode stellt wie die Mirabelle eine Unterart der Pflaume dar. Die Früchte sind größer als Mirabellen, sehr saftig und haben einen süß-säuerlichen Geschmack. Die Färbung reicht von Grün über Gelb bis Tiefrot. Die Früchte sind vollreif, wenn sich das Fruchtfleisch leicht vom Stein lösen lässt. Zur Weinbereitung geht man vor wie bei der Verwertung von Pflaumen. Allerdings lassen sich Renekloden etwas leichter als

Pflaumen verarbeiten, da ihr Pektingehalt nicht ganz so hoch ist. Die dunklen, speziell die violett gefärbten, Sorten eigenen sich auf Grund ihres höheren Säuregehaltes meist besser zur Weinbereitung.

Mostgewicht: 96 °Oe
Zuckerfreier Extrakt: 83 g/l
Wassergehalt: 81 %
Zucker: 160–175 g/l
Gesamtsäure: 8–9 g/l

© dashu83/freepik

Dessertwein

Maischegärung in einem 15-l-Gärbehälter

6 kg Renekloden werden entsteint, zerkleinert und sofort mit 1 g Kaliumpyrosulfit geschwefelt und mit heißer Zuckerlösung aus 4,25 l (4,75 l) Wasser und 2 kg (1,25 kg) Zucker überbrüht. Dann setzt man 40 g (10 g) 80-prozentige Milchsäure zu. Nach dem Abkühlen gibt man 20 ml Antigel und Dessertwein-Flüssighefe (Gäransatz!) – z. B. Sauternes – oder Trockenhefegranulat und 4 g Hefenährsalz zu. Nach einer Woche zieht man von der Maische ab. Die weiteren Arbeitsgänge werden in der „Allgemein gültigen Vorgehensweise“ beschrieben (siehe S. 93). Klärt sich der fertige Wein nicht vollständig, kann durch nacheinander erfolgende Zugaben von 20 ml Antigel, 10–20 ml 15-prozentigem Kieselsol und 1–2 g Gelatine geschönt werden.

RHABARBER *(RHEUM SPEC.)*

Rhabarber zählt eigentlich zum Gemüse, wird aber eher wie Obst behandelt. Die Rhabarberstängel werden gekocht zu Kompott oder Kuchen verarbeitet. Die Blätter darf man auf keinen Fall verwenden, da sie giftige Substanzen enthalten. Geerntet werden die Blattstiele von April bis Juni. Zur Weinbereitung sollte man möglichst nur rote Stängel verwenden. Diese werden gut gewaschen, in 1–2 cm lange Stücke geschnitten und aufgekocht bzw. überbrüht. Daraufhin lässt sich der Saft gut abpressen. Sind relativ viele grüne Stiele mitverarbeitet worden, empfiehlt sich unbedingt eine Saftgärung. Bei der Verarbeitung ausschließlich roter Stängel kann man zunächst eine Maischegärung durchführen, um eine bessere Farbausbeute zu erzielen.

Rhabarber ist sehr reich an Apfel- und Oxalsäure. Da Oxalsäure unter Umständen auf den Menschen schädlich wirken kann, sollte man sie aus dem Saft entfernen. Das geschieht durch Zugabe von Kalziumkarbonat, welches die Oxalsäure als weißen Trub ausfällt. Man sticht dann von diesem Trub ab und säuert entsprechend mit Milchsäure an.

Rhabarberwein eignet sich auch gut zur Sherryisierung. Mit gebranntem Zucker kann man ihm eine schöne goldgelbe Farbe verleihen.

Mostgewicht: 18 °Oe
Zuckerfreier Extrakt: 35 g/l
Zucker: 10 g/l
Gesamtsäure: 12–17 g/l

Dessertwein

Saftgärung

5 kg Rhabarberstängel werden zerschnitten und mit 3 l Wasser aufgekocht. Der abgepresste Saft wird mit Zuckerlösung aus 2,25 l (2,75 l) Wasser und 2,75 kg (2 kg) Zucker vermischt und mit 1 g Kaliumpyrosulfit geschwefelt. Zur Ausfällung der schädlichen Oxalsäure setzt man 20 g Kalziumkarbonat zu. Nach dem Abkühlen gibt man Dessertwein-Flüssighefe (Gäransatz!) – z. B. Sauternes – oder Trockenhefegranulat und 4 g Hefenährsalz zu. Nach Beendigung der Gärung sticht man von dem Trub, in dem sich auch die ausgefällte Oxalsäure befindet, ab und säuert mit 40 g (10 g) 80-prozentiger Milchsäure nach. Dann verfährt man weiter wie in der „Allgemein gültigen Vorgehensweise" beschrieben (siehe S. 93). Klärt sich der fertige Wein nicht vollständig, kann durch nacheinander erfolgende Zugaben von 15 ml Antigel, 10–20 ml 15-prozentigem Kieselsol und 0,5–1 g Gelatine geschönt werden.

Rhabarber ergibt einen wunderbaren Fruchtwein, auch in Kombination mit Erdbeeren.

SANDDORN *(HIPPOPHAE RHAMNOIDES)*

Der Sanddorn ist ein sperrig wachsender, dorniger Strauch und gehört zur Familie der Ölbaumgewächse. Er ist an trockene Standorte angepasst.

Die meisten kennen ihn als Zierpflanze an Weg- oder Straßenrändern, in Parkanlagen oder Gärten. Aber der Sanddorn wächst auch wild, so etwa in den Dünengebieten an der Nord- und Ostsee und an sandigen Flussufern, aber auch im Alpengebiet und mitunter an Waldrändern.

Die dicht an den Zweigen wachsenden kleinen, ovalen Beeren sind bei Vollreife leuchtend orange gefärbt. Sie werden im September oder Oktober geerntet. Wenn sie Frost abgekommen, werden sie weich. Die Früchte müssen so rasch wie möglich verarbeitet werden, da sie leicht zerplatzen und schnell austrocknen.

Die Sanddorn-Beeren haben von allen Kultur- und Wildobstarten den höchsten Vitamin-C-Gehalt und schmecken auch sehr sauer. Sie werden vorwiegend als Saft weiterverarbeitet und verleihen vielen Getränken eine intensive Farbe und ein typisches Aroma. Auch wenn es etwas ungewöhnlich ist, ist es einen Versuch wert, einen Sanddornwein anzusetzen. Wegen des hohen Säuregehaltes kann auf die Zugabe von Milchsäure verzichtet werden.

Wassergehalt: 32 %
Zucker: 30–35 g/l

Dessertwein

Maischegärung in einem 15-l-Gärbehälter

4 kg Sanddornbeeren werden gewaschen und mit einem Kartoffelstampfer oder Ähnlichem grob zerdrückt. Dann vermischt man die Früchte mit 3 l Wasser und 10 ml Antigel und lässt das Ganze mindestens zehn Stunden stehen. Anschließend setzt man heiße Zuckerlösung aus 4 l Wasser und 3 kg Zucker zu. Außerdem werden 1 g Kaliumpyrosulfit hinzugefügt. Nach dem Abkühlen gibt man Dessertwein-Flüssighefe (Gäransatz!) – z. B. Sherry – oder Trockenhefegranulat und 4 g Hefenährsalz hinzu. Nach etwa zwei Wochen zieht man von der Maische ab und verfährt weiter wie in der „Allgemein gültigen Vorgehensweise" beschrieben (siehe S. 93). Falls sich der Wein nicht vollständig klärt, sollte man trotzdem auf eine Schönung möglichst verzichten, damit die intensive Farbe nicht verloren geht.

SCHLEHE *(PRUNUS SPINOSA)*

Im März erscheinen noch vor den Blättern die weißen, angenehm duftenden Schlehenblüten, aus denen sich kugelige, 1–2 cm große, blauschwarze, bereifte Früchte bilden. Das grüne Fruchtfleisch lässt sich schlecht vom Stein ablösen. Mit einem Gerbstoffgehalt von bis zu zwei Prozent gehört die Schlehe zu den gerbstoffreichsten Früchten. Darauf beruht auch die adstringierende Wirkung, die man sich bei der Behandlung von Infektionen im Mund- und Rachenraum und Zahnfleischbluten zunutze machen kann. Aus Schlehen bereitete Tees wirken blutreinigend und helfen gegen Frühjahrsmüdigkeit. Der Hobbywinzer schätzt die Schlehen sehr als Ausgangsstoff für einen hochwertigen Rotwein.

Schlehenwein sollte vor dem Genuss lange gelagert werden. © AlikaObraz/freepik

Man erntet die Früchte nach dem ersten Frost, da dadurch das Tannin (Gerbstoff) teilweise abgebaut wird und der Zuckergehalt steigt. Ein Einfrieren der Früchte nach einer früheren Ernte erzielt übrigens nicht denselben Effekt.

Die Früchte werden grob zerstampft, wobei man darauf achten sollte, dass keine Steine zerstört werden. Dann überbrüht man mit heißer Zuckerlösung. Mit Zusatz von Antigel wird die Maische zwei Wochen vergoren, wobei täglich umgeschüttelt werden muss, da der Fruchtbrei aufsteigt. Aus diesem Grund sollte auch unbedingt ein Steigraum von 50 Prozent frei bleiben, da es besonders zu Beginn der Gärung auch noch zu starker Schaumbildung kommen kann. Beim Abpressen von der Maische und auch weiterhin bei jedem Abstich empfiehlt es sich, den Wein durch ein feines Sieb laufen zu lassen. Feine, wie Mehl aussehende Schwebteilchen, die die Klärung erschweren, lassen sich auf diese Weise entfernen. Sollte der fertige Wein noch zu viel Gerbsäure enthalten, schafft eine Gelatine-Schönung Abhilfe.

Dessertwein

Maischegärung in einem 20- bis 25-l-Gärbehälter

3 kg Schlehen werden zerdrückt und mit heißer Zuckerlösung aus 6,5 l (7 l) Wasser und 2,5 kg (2 kg) Zucker überbrüht. Dann setzt man 1 g Kaliumpyrosulfit zu. Nach dem Abkühlen gibt man 10 ml Antigel und Dessertwein-Flüssighefe (Gäransatz!) – z. B. Port – oder Trockenhefegranulat und

Schlehen sollten vor der Verarbeitung gut abgespült werden. Sie eignen sich auch hervorragend zum Einfrieren, wodurch auch noch die Saftausbeute erhöht wird. © G. Lehari

4 g Hefenährsalz zu. Nach ein bis zwei Wochen zieht man von der Maische ab. Die weiteren Arbeitsgänge werden in der „Allgemein gültigen Vorgehensweise“ beschrieben (siehe S. 93). Klärt sich der fertige Wein nicht vollständig, kann durch nacheinander erfolgende Zugaben von 10–20 ml 15-prozentigem Kieselsol und 1–3 g Gelatine geschönt werden.

Mostgewicht: 112 °Oe
Zuckerfreier Extrakt: 140 g/l
Wassergehalt: 74–80 %
Zucker: 150 g/l
Gesamtsäure: 28–52 g/l

STACHELBEERE *(RIBES GROSSULARIA)*

Die mit feinen Härchen besetzten Früchte können von grüngelber bis rötlicher Farbe sein. Im Allgemeinen besitzen die größeren Früchte mehr Saft, die kleineren aber mehr Aroma. Stachelbeeren wirken blutreinigend und abführend.

Sie eignen sich sehr gut zur Weinbereitung, wobei man aber keine überreifen Früchte verwenden sollte. Da Stachelbeerwein leicht zum Mäuselton neigt, muss immer gut geschwefelt werden. Zur Verarbeitung werden die Früchte von Stiel und Blüte befreit, grob zerkleinert, heiß überbrüht und mit Antigel versetzt. Dann führt man zwei bis drei Tage, allerhöchstens eine Woche, eine Maischegärung durch. Sie sollte nicht länger dauern, da sonst ein Grasgeschmack auftreten kann.

Eine Sherryisierung kann bei Stachelbeerwein von Vorteil sein. Stachelbeeren eignen sich auch sehr gut zur Herstellung von Mehrfruchtweinen, z. B. zusammen mit Johannisbeeren.

© G. Lehari

Mostgewicht: 40–45 °Oe
Zuckerfreier Extrakt: 35 g/l
Wassergehalt: 85–92 %
Saftausbeute: 72–89 %
Zucker: 60–82 g/l
Gesamtsäure: 17–21 g/l

Dessertwein

Maischegärung in einem 15-l-Gärbehälter

5 kg Stachelbeeren werden von Blütenresten und Stielen befreit, grob zerkleinert und mit heißer Zuckerlösung aus 4,5 l (5 l) Wasser und 2,5 kg (1,75 kg) Zucker überbrüht. Dann setzt man 1 g Kaliumpyrosulfit zu. Nach dem Abkühlen gibt man 15 ml Antigel und Dessertwein-Flüssighefe (Gäransatz!) – z. B. Sherry – oder Trockenhefegranulat und 4 g Hefenährsalz zu. Nach zwei bis vier Tagen zieht man von der Maische ab. Die weiteren Arbeitsgänge werden in der „Allgemein gültigen Vorgehensweise“ beschrieben (siehe S. 93). Klärt sich der fertige Wein nicht vollständig, kann durch nacheinander erfolgende Zugaben von 10 ml Antigel und 1–1,5 g Agar-Agar geschönt werden.

© badnews86dups/Shutterstock

MEHRFRUCHTWEIN

Wem nicht so große Mengen einer bestimmten Fruchtart zur Verfügung stehen oder wer einfach eine Variante bei der Weinbereitung ausprobieren möchte, kann auch einen Mehrfruchtwein herstellen. Durch den hohen Gerbsäuregehalt sind Preiselbeeren sehr gut für die Zubereitung eines Mehrfruchtweines geeignet. Aber auch viele andere Früchte wie Stachelbeeren, die verschiedenen Johannisbeerarten (rot, weiß, schwarz), Heidelbeeren, Himbeeren, Kirschen, Äpfel oder Birnen können miteinander kombiniert werden. Ebenso lässt sich Rhabarber mit Äpfeln oder Birnen, aber auch klassisch zusammen mit Erdbeeren zu einem Mehrfruchtwein zubereiten.

Die Menge der Zutaten und die Vorgehensweise bei der Zubereitung entsprechen den im allgemeinen Teil und bei den jeweiligen Rezepten aufgeführten Angaben. Grundsätzlich gilt, dass die Früchte oder die Säfte zusammen zu vergären sind. Es werden also nicht erst die fertigen Weine miteinander vermischt bzw. verschnitten. Wer schon ein bisschen Erfahrung mit der Weinbereitung hat, kann auch bei der Zubereitung in kleineren Mengen etwas herumexperimentieren und neue Rezeptkombinationen ausprobieren. Im Folgenden sind hierzu zwei Beispiele aufgeführt, der eigenen Kreativität sind hierbei keine Grenzen gesetzt, solange die Weine nicht für den Verkauf bestimmt sind.

Über den Geschmack der Einzelweine kann die Fantasie für Frucht-Kombinationen angeregt werden. © G. Lehari

Als allgemeiner Tipp kann der Apfel bzw. Apfelsaft genannt werden. Dieser kann mit jeder Frucht gemischt werden, um hier ertragssteigernd aber auch geschmacklich harmonisierend zu wirken. Dabei sollte allerdings darauf geachtet werden, dass der Apfelgeschmack im Hintergrund bleibt; ein 20-prozentiger Anteil sind hierfür ein guter Anhaltspunkt.

„QUITTEN-BIRNE“

Die Idee bei diesem Wein ist es, durch die Birne den Quittengeschmack abzumildern und zu ergänzen. Die Äpfel helfen hierbei, treten aber geschmacklich nicht in den Vordergrund.

Maischegärung in einem 15-l-Gärbehälter

Rezept für 10 l Dessertwein

6 kg Quitten, 3 kg Birnen und 2 kg Äpfel (bzw. 1,5 l Apfelsaft) werden zerkleinert und sofort mit 1 g Kaliumpyrosulfit geschwefelt und mit heißer Zuckerlösung aus 4 l (4,5 l) Wasser und 2 kg (1,25 kg) Zucker überbrüht. Dann setzt man 20 g (10 g) 80-prozentige Milchsäure zu. Nach dem Abkühlen gibt man 30 ml Antigel und Dessertwein-Flüssighefe (Gäransatz!) – z. B. Port – oder Trockenhefegranulat und 4 g Hefenährsalz zu. Nach zwei Wochen zieht man von der Maische ab. Die weiteren Arbeitsgän-

ge werden in der „Allgemein gültigen Vorgehensweise“ beschrieben (siehe S. 93). Klärt sich der fertige Wein nicht vollständig, kann man wie beim Rezept Quittenwein vorgehen.

„KRIECHERL-RIBISEL“

Die in Ost-Österreich verbreiteten Kriecherln (unveredelte Unterarten der Pflaume) kommen in sehr unterschiedlichen Farben und Größen vor. Die gelben und roten Sorten sind dabei meist süßer und die violetten etwas säurereicher. Diese Sorten derselben Fruchtart zu mischen, ist sehr zu empfehlen. Gleichzeitig sind typischerweise auch die roten bzw. weißen Johannisbeeren noch reif und so bietet sich hier dieser sehr köstliche Mehrfruchtwein an.

Maischegärung in einem 15-l-Gärbehälter

Rezept für 10 l Dessertwein

6 kg Kriecherl unterschiedlicher Sorten, 2 kg rote (oder weiße) Johannisbeeren und 2 kg Äpfel (bzw. 1,5 l Apfelsaft) werden zerkleinert und sofort mit 1 g Kaliumpyrosulfit geschwefelt und mit heißer Zuckerlösung aus 4,5 l (4,75 l) Wasser und 2,25 kg (1,5 kg) Zucker überbrüht. Ein Säurezusatz ist in den meisten Fällen nicht notwendig. Nach dem Abkühlen gibt man 20 ml Antigel und Dessertwein-Flüssighefe (Gäransatz!) – z. B. Steinberg – oder Trockenhefegranulat und 4 g Hefenährsalz zu. Nach zwei Wochen zieht man von der Maische ab. Die weiteren Arbeitsgänge werden in der „Allgemein gültigen Vorgehensweise“ beschrieben (siehe S. 93). Klärt sich der fertige Wein nicht vollständig, kann man wie beim Rezept Reneklode vorgehen.

HINWEIS! Rechtliche Voraussetzungen

Wer seine Fruchtweine in Verkehr bringt, muss die in seinem Land gültigen Vorschriften bezüglich der Verarbeitung und Beschriftung von mehreren Obstsorten beachten.

WEIN AUS DOSENFRÜCHTEN

Zahlreiche Dosenfrüchte, wie z. B. Ananas, Pfirsich oder Aprikose, eignen sich ebenso gut für die Hausweinbereitung wie frische Früchte. Da aber die Dosenfrüchte meistens gezuckert sind, lässt sich kaum ein allgemein gültiges Rezept aufstellen. Es empfiehlt sich unbedingt, den Zuckergehalt des Sirups, der natürlich mitverwertet werden kann, zu bestimmen. Auch ist der Säuregehalt der Konservenfrüchte meistens geringer als der von frischem Obst. Daher muss auch mit Milchsäure nachgesäuert werden.

Orientierungshilfe

Rezept für 10 l Dessertwein

4 l Dosenfrüchte mit Saft werden mit heißer Zuckerlösung aus 5–5,5 l Wasser und 1,5–2 kg Zucker überbrüht. Man schwefelt mit 1 g Kaliumpyrosulfit und säuert mit 30–40 g 80-prozentiger Milchsäure an. Nach dem Abkühlen gibt man Dessertwein-Flüssighefe (Gäransatz!) oder Trockenhefegranulat und 4 g Hefenährsalz hinzu. Nach ein bis zwei Wochen presst man von der Maische ab und verfährt weiter wie in der „Allgemein gültigen Vorgehensweise“ beschrieben (siehe S. 93). Die Wahl der Heferasse und der Schönungsmethode richtet sich nach der Fruchtart.

HINWEIS! Verwendung von Dosenfrüchten

Der Zucker- und der Säuregehalt der Dosenfrüchte sollte gemessen oder sensorisch bewertet werden, da die Unterschiede hier sehr groß sind.

WEIN AUS TROCKENOBST

Grundsätzlich eignen sich alle Arten von getrockneten Früchten zur Weinherstellung. Da dem Obst ein großer Teil des Wassers entzogen ist, benötigt man nur etwa ein Drittel bis die Hälfte der Menge, die man normalerweise an frischen Früchten verarbeiten müsste.

HINWEIS! Trockenobst waschen

Trockenobst vor der Verarbeitung gründlich mit warmen Wasser abwaschen! Schwefel, Schmutz und sonstige unerwünschte Zusätze werden dadurch entfernt.

Zur Haltbarmachung sind getrocknete Früchte meistens geschwefelt, das heißt, man hat sie mit schwefliger Säure behandelt. Um diese und eventuelle Staubteilchen von den Früchten zu entfernen, sollte man sie vor der Verarbeitung gründlich mit warmem Wasser abwaschen. Manche Früchte werden mit einem Zusatz von flüssigem Paraffin verpackt, damit sie frisch und glänzend aussehen. Paraffin ist zwar völlig unschädlich, sollte aber vor der Verarbeitung der Früchte zu Wein durch Waschen mit heißem Wasser entfernt werden.

Wie viel Säure und eventuell Tannin dem Ansatz zugefügt werden müssen, hängt von der Art der Früchte ab.

Rosinenwein ist ein köstlicher Wein, der sehr lange haltbar ist. Eine interessante Kombination ist auch Honigwein mit Orangen. © G. Lehari

Mit Trockenobst führt man eine Maischegärung durch, da sich die Früchte ja nicht mehr entsaften lassen. Sie werden zerkleinert und mit heißem Zuckerwasser überbrüht. Nach dem Abkühlen werden die anderen Zutaten und die Hefe hinzugefügt. Nach etwa einwöchiger Gärung presst man von der Maische ab und vergärt den Saft allein zu Ende. Trockenfrüchte, insbesondere

Rosinen, liefern nicht nur einen schmackhaften Wein, sondern werden auch häufig als Zusatz verwendet, um einen weniger aromatischen Wein (z. B. aus Getreide oder Baumsäften) gehaltvoller zu gestalten. In solchen Fällen rechnet man mit 0,5–1 kg auf 10 l Wein.

Nachfolgende Tabelle gibt einige Angaben zum Zucker- und Säuregehalt verschiedener Trockenfrüchte, die als Orientierungshilfe bei der Berechnung der Zutatenmengen für den Weinansatz dienen:

Übersicht Trockenfrüchte

Trockenfrucht	Zuckergehalt	Säuregehalt
Apfel	54 %	mittel
Aprikose	46 %	mittel
Banane	65 %	niedrig
Birne	39 %	niedrig
Dattel	60 %	sehr niedrig
Feige	56 %	sehr niedrig
Hagebutte	20 %	niedrig
Heidelbeere	18 %	niedrig
Holunderbeere	15 %	sehr niedrig
Johannisbeere	65 %	mittel
Pfirsich	43 %	niedrig
Pflaume	44 %	niedrig
Rosinen	66 %	mittel
Schlehe	16 %	niedrig
Sultaninen	68 %	mittel

WEIN AUS GETROCKNETEN DATTELN

Datteln sind in Mitteleuropa heutzutage auch frisch erhältlich, getrocknet sind diese jedoch deutlich günstiger und eignen sich auf Grund Ihres hohen Zuckergehaltes sehr gut zur Weinbereitung.

Maischegärung in einem 15-l-Gärbehälter

Rezept für 10 l Dessertwein

4 kg getrocknete (und entsteinte) Datteln und 1 kg Rosinen werden mit warmem Wasser gewaschen, dann zerkleinert und mit heißer Zuckerlösung aus 4 l (4,5 l) Wasser und 1,75 kg (1 kg) Zucker überbrüht. Dann setzt man 60 g (30 g) 80-prozentige Milchsäure zu. Nach dem Abkühlen gibt man 40 ml Antigel und Dessertwein-Flüssighefe (Gäransatz!) – z. B. Port – oder Trockenhefegranulat und 5 g Hefenährsalz zu. Nach eineinhalb bis zwei Wochen zieht man von der Maische ab. Die weiteren Arbeitsgänge werden in der „Allgemein gültigen Vorgehensweise“ beschrieben (siehe 93).

KRÄUTERWEINE UND WEITERE WEINARTEN

Obstweine werden zumeist aus frischen Früchten hergestellt und in den meisten Ländern dürfen auch nur Weine daraus als Obst- bzw. Fruchtwein bezeichnet werden. Alle anderen Arten von Weinen, die auf den nächsten Seiten beschrieben sind, werden in jedem Land anders bezeichnet bzw. kategorisiert und unterliegen teils unterschiedlichen Gesetzen. Wenn man plant, seinen Wein in Verkehr zu bringen, sind die rechtlichen Grundlagen daher hier besonders zu beachten.

Weinhaltige Getränke sind nach dem deutschen Weingesetz Getränke, die zumindest zu 50 Prozent aus Wein, Weinalkohol oder Konzentrat hergestellt sind und deren Alkoholgehalt 145 g/l nicht übersteigt. Es darf keine neue Vergärung stattfinden. Enthält der Getränkename das Wort „Wein", müssen mindestens 70 Prozent aus Wein bestehen. In diese Kategorie fallen u. a. Wermutweine, aromatisierte oder Kräuterweine und Arzneiweine.

WERMUTWEINE

Wermutwein wurde 1786 erstmalig in Italien hergestellt. Nach den gesetzlichen Bestimmungen darf dieser Wein nicht aus Obst- und Beerenweinen hergestellt werden. Wer es dennoch für den Hausgebrauch versuchen möchte: hier eine Beschreibung der Zubereitungsmethode.

In den gärenden Most oder fertigen Wein hängt man einen Leinenbeutel mit getrockneten Wermutblüten (*Artemisia absynthium*) und lässt diese ein bis zwei Wochen, je nach gewünschter Intensität des Aromas, ziehen. Meistens verwendet man nicht reines Wermutkraut, sondern noch zahlreiche andere Kräuter, die dann alle zusammen als Wermutmischung bezeichnet werden. Ebenso kann man dem Wein Wermutessenz (20–30 ml auf 10 l) zusetzen. Zur besseren Abrundung des Geschmackes sollte ein mit Essenz aromatisierter Wein vor dem Genuss einige Wochen lagern.

Wermut enthält verschiedene Wirkstoffe, die appetitanregend wirken, die Magen- und Darmtätigkeit anregen und gegen Darmparasiten helfen. Übermäßiger Wermutgenuss kann zu Vergiftungen führen.

Hildegard von Bingen empfahl Wermutwein zum Entschlacken des Körpers, um unbelastet und frisch ins neue Frühjahr zu gehen. Er entlastet den ganzen Organismus, bringt Energie und wirkt sich stärkend und wohltuend auf die Nieren aus.

KRÄUTERWEINE (AROMATISIERTE WEINE)

Zur Aromatisierung von Kräuterweinen dürfen würzende Kräuter (mit Ausnahme von Wermutkraut und dessen Auszügen) verwendet werden. Diese Weine werden auch Gewürzweine bezeichnet.

Das Aromatisierungsverfahren mit Kräutern sollte man nur bei weniger gehaltvollen Weinen anwenden, um Bukett und Geschmack zu verbessern. Daher eignen sich hierfür prinzipiell leichte weiße Trauben- oder helle Fruchtweine, deren Aroma nicht sehr intensiv ist und die daher durch die Aromatisierung eine Aufwertung erfahren. Will man die Haltbarkeit der Kräuterweine erhöhen, empfiehlt es sich jedoch, höherprozentige Weine (mind. 13 % vol.) als Basis herzunehmen.

Zahlreiche, auch in der Küche häufig verwendete Kräuter sind zur Aromatisierung von Weinen geeignet, wie Melisse, Minze, Kamille, Thymian, Brennnessel, Petersilie, Majoran, Schafgarbe, Rosmarin und Salbei.

In der Literatur findet man zahlreiche Zubereitungsarten für Kräuterweine, wobei man hier diese vier Grundarten unterscheiden kann:

1. ein wässriger Auszug aus Kräutern wird mit Wein vermengt
2. die Kräuter sind Teil des Weinansatzes beim Start bzw. im Laufe der Vergärung
3. die Kräuter werden mit Wein übergossen und einige Zeit stehen gelassen; „Kaltauszug“
4. die Kräuter werden im Wein erwärmt bzw. aufgekocht; „Warmauszug“

Da es pflanzliche Inhaltsstoffe gibt, die nicht wasserlöslich sind, ergibt die erstgenannte Methode einen weniger komplexeren Auszug. Dies ist vor allem von Bedeutung, wenn es um die medizinische Wirkung der Kräuter geht.

Es finden sich viele Rezepte, welche Kräuter in hochprozentigen Alkohol – wie z. B. Rum oder Weinbrand – einlegen. Diese bezeichnet man dann allerdings als Kräuterlikör bzw. Kräuterbowle, die nicht Bestandteil dieses Buches sind.

Kräuterweine aus Kräuterauszug

Eine einfache Methode zur Herstellung von Kräuterwein ist es, wenn man von den Kräutern einen Auszug (mit Wasser) erzeugt, den man dem fertigen Wein zusetzt.

Herstellung des Auszugs

Frische Blätter bzw. Blüten (bei Kamille und Schafgarbe) werden mit 1 l kochendem Wasser übergossen und zugedeckt stehen gelassen. Die meisten Kräuter lässt man drei Tage ziehen, wobei man zweimal täglich umrührt. Dann seiht man ab und kann den Auszug dem Wein zusetzen. Bei einigen Kräutern, wie Kamille, Brennnessel und Petersilie, sollte man gleich nach dem Abkühlen abseihen.

Für die Herstellung von 1 l Auszug benötigt man etwa 250 ml leicht zusammengedrückte Blätter bzw. Blüten. Auf 10 l Wein rechnet man je nach gewünschter Aromaintensität 20–50 ml Auszug.

Weinansatz mit Kräutern bzw. Blütenweine

Prinzipiell können jedem Weinansatz Kräuter ergänzend hinzugefügt werden, voranging wird diese Methode jedoch für Blütenweine verwendet. Man setzt also die Blütenblätter zur Aromatisierung nicht dem fertigen Wein zu, sondern verfährt mit ihnen wie mit einer Fruchtmaische.

TIPP! Blütenweine

Bei Blütenweinen nur die Blütenblätter verwenden, grüne Teile sind zu entfernen.

Man sollte nur die Blütenblätter der Pflanze verwenden, da alle anderen grünen Pflanzenteile dem Wein einen bitteren Geschmack verleihen können. Die Blütenblätter lassen sich am leichtesten abzupfen, wenn man die gesammelten Blüten zuvor einen Tag lang an der Luft trocknen lässt. Da Blütenblätter keine von den Hefen für die Gärung benötigten Substanzen enthalten, müssen alle Zutaten in vollem Maße zugefügt werden:

- Zuckerwasser
- Säure
- Nährsalz

Um die Aromastoffe nicht zu zerstören, sollte man die Blütenblätter nicht heiß überbrühen, sondern erst mit der erkalteten Zuckerwasserlösung vermischen. Bei Blüten mit sehr intensivem Duft, wie z. B. Holunderblüten oder Rosen, ist dieser Aromaverlust allerdings kaum merklich.

Zitronenmelisse © G. Lehari

Rosenblüten geben einen sehr edlen Geschmack. © C. Narzt

Damit die Gärung gut in Gang kommt, empfiehlt es sich, vorher einen Gärstarter mit Fruchtsaft anzusetzen. Die Blüten werden etwa 14 Tage in der Maische belassen, wobei täglich umgeschwenkt werden muss, damit die Blütenblätter immer wieder benetzt und nach unten gedrückt werden. Nach dem Abpressen mit einem Leinentuch oder Sieb wird der mittlerweile aromatische Wein zu Ende vergoren.

Zur Geschmacksverbesserung empfehlen viele Weinbereiter einen Zusatz von Orangen und Zitronen oder Rosinen zur Gärung. Aber auch ein reiner Blütenwein stellt durch seinen außergewöhnlichen Geschmack und sein wunderbares Bukett eine Besonderheit im Weinkeller dar. Zur Weinbereitung eignen sich die Blütenblätter von Holunder, Löwenzahn, Mädesüß, Rosen, Ginster, Gartennelke, Klee, Goldrute, Tagetes und Weißdorn.

LÖWENZAHNBLÜTENWEIN

Maischegärung

Rezept für 10 l Dessertwein

1 kg Löwenzahnblüten werden mit Zuckerlösung aus 8,5 l Wasser und 2,5 kg Zucker gemischt und mit 1 g Kaliumpyrosulfit geschwefelt. In die Maische gibt man zusätzlich 500 g gründlich gewaschene Rosinen, 3 Zitronen und 2 Orangen, jeweils unbehandelt (ungespritzt) und in Scheiben geschnitten. Da Blütenblätter keine Säure enthalten, muss man mit 50–70 g 80-prozentiger Milchsäure aufsäuern. Zur Vergärung setzt man Dessertwein-Flüssighefe oder Trockenhefegranulat und 4 g Hefenährsalz zu. Nach zwei Wochen presst man die Maische ab und verfährt weiter wie in der „Allgemein gültigen Vorgehensweise" beschrieben (siehe S. 93). Eine Schönung kann mit 5 g 15-prozentigem Kieselsol erfolgen.

Löwenzahnblüten © C. Narzt

TIPP! Universalrezept

Nach diesem Rezept können alle Blütenblätter mit weniger intensivem Aroma verarbeitet werden.

HOLUNDERBLÜTENWEIN

Maischegärung

Rezept für 10 l Dessertwein

Es werden nur die kleinen, sternförmigen Blütenblätter verwendet. Um sie leichter von den Dolden abtrennen zu können, lässt man die abgeschnittenen Blütendolden einen Tag an der Luft trocknen. Danach lassen sich die Blütenblätter mühelos abschütteln oder abstreifen. 1 kg Holunderblütenblätter werden mit Zuckerlösung aus 8,5 l Wasser und 2,5 kg Zucker gemischt und mit 1 g Kaliumpyrosulfit geschwefelt. Da Blütenblätter keine Säure enthalten, muss man mit 50–70 g 80-prozentiger Milchsäure aufsäuern. Zur Vergärung setzt man Dessertwein-Flüssighefe oder Trockenhefegranulat und

4 g Hefenährsalz zu. Nach zwei Wochen presst man die Blütenblätter ab und verfährt weiter wie in der „Allgemein gültigen Vorgehensweise" beschrieben (siehe S. 93). Eine Schönung kann mit 5 g 15-prozentigem Kieselsol erfolgen.

Die feinen Holunderblüten sind für die Zubereitung eines aromatischen und duftenden Weißweins geeignet. © G. Lehari

TIPP! Universalrezept

Nach diesem Rezept können alle Blütenblätter mit intensivem Aroma verarbeitet werden.

Kaltauszug – Kaltmazeration

Die in der Literatur am häufigsten erwähnte Methode zur Herstellung von Kräuterweinen ist die Kaltmazeration, also das Einlegen der Kräuter in Wein. Dadurch gehen auch die alkohollöslichen Stoffe aus den Kräutern in den Wein über. Je länger die Kräuter im Wein verbleiben, desto intensiver, aber teilweise auch bitterer wird dieser. Der Wein kann durch Zugabe von Zucker oder Honig schmackhafter gemacht werden.

ANGELIKAWEIN

Kaltauszug

Rezept für 1 l Kräuterwein

100 g frische Engelwurz-Wurzeln (Angelica archangelica) werden zerschnitten, mit 1 l Weißwein übergossen und dann 10 Tage stehen gelassen. Dann filtern, in Flaschen abfüllen und kühl lagern. Dieser Wein gilt als Verdauungshilfe und hilft bei Völlegefühl und Blähungen.

BASILIKUMWEIN

Kaltauszug

Rezept für 1 l Kräuterwein

ca. 100 g frisches Basilikum wird 3 Tage lang in Wein eingelegt. Dann filtern, in Flaschen abfüllen und kühl und dunkel lagern. Ein Schnapsglas Basilikumwein wird nach dem Essen eingenommen und soll gegen fiebrige Infektionen, Krämpfe, Schüttelfrost und Schlaflosigkeit helfen.

LIEBSTÖCKLWEIN *(„MAGGIKRAUT“)*

Kaltauszug

Rezept für 1 l Kräuterwein

Eine Handvoll frische Blätter bzw. 250 g des Maggikrautes werden klein zerschnitten, mit 1 l Weißwein übergossen und dann 10 Tage stehen gelassen. Dann filtern, in Flaschen abfüllen und kühl lagern.

Ein Schnapsglas dieses Weines als Aperitif vor den Mahlzeiten eingenommen dient als Verdauungshilfe und hilft bei Völlegefühl.

SALBEIWEIN

Kaltauszug

Rezept für 1 l Kräuterwein

1 Handvoll frische bzw. 100 g getrocknete Salbeiblätter werden mit 1 l Wein (Weiß- oder Rot) übergossen und dann 10 Tage stehen gelassen. Dann filtern, in Flaschen abfüllen und kühl lagern. Dieser vielfältige Kräuterwein hilft gegen starke Schweißbildung, Erkältung, Halsschmerzen und Verdauungsprobleme.

Salbei © G. Lehari

TAUSENDGÜLDENKRAUTWEIN MIT PFEFFERMINZE

Kaltauszug

Rezept für 1 l Kräuterwein

30 g Tausendgüldenkraut (in Österreich Tausendguldenkraut genannt) werden mit 30 g Pfefferminz- oder Zitronenmelissenblättern und einer ganzen zerkleinerten Zitrone samt Schale vermischt und mit 1 l Weißwein übergossen. Dann 10 Tage stehen lassen, filtern, in Flaschen abfüllen und kühl lagern.

Wilde Pfefferminze © G. Lehari

Tausendgüldenkraut wirkt stark antioxidativ, leberschützend, entzündungshemmend und fiebersenkend. Dieser Kräuterwein soll die Galle beruhigen, den Appetit anregen, das Blut reinigen und gegen Sodbrennen helfen.

Warmauszug

Diese Methode ähnelt der Kaltmazeration, wobei jedoch durch das Erwärmen bzw. Aufkochen der Alkoholgehalt des Kräuterweines geringer ausfällt. Daher haben diese Kräuterweine auch eine kürzere Lagerdauer. Ein Vorteil dieser Methode allerdings ist die geringere Herstellzeit, da die Einwirkdauer durch die Wärme deutlich kürzer ist als beim Kaltauszug.

HERZWEIN NACH HILDEGARD VON BINGEN

Bei funktionellen Herzbeschwerden wie Herzstechen, Herzschmerzen und Erschöpfung ist der Petersilien-Honig-Wein eines der besten Mittel in der Hildegard-Medizin. Laut Hildegard soll 2–4-mal täglich ein Likörglas getrunken werden. Nach Besserung trinkt man täglich ein Glas zur Kreislaufstärkung, am besten morgens.

Warmauszug

Rezept für 1 l Kräuterwein

12 große Petersilienstängel werden in einem Topf mit 1 l Wein übergossen. Dann fügt man 2 Esslöffel Weinessig bei, bringt alles zum Kochen und lässt es 10 Minuten leicht wallen, bevor man den Wein vom Herd nimmt. Wenn der Wein weniger als 40 °C hat, rührt man 150 g Honig ein und lässt ihn eine halbe Stunde stehen. Dann abseihen und in Flaschen füllen.

Der Herzwein ist nicht sehr lange haltbar und sollte nach dem Öffnen im Kühlschrank gelagert werden.

Petersilie © Svechkova Olena/shutterstock

ROSMARINWEIN

Rosmarin regt den Kreislauf an, stärkt diesen, wirkt gleichermaßen beruhigend und krampflösend sowie auch entzündungshemmend. In der Volksmedizin steht Rosmarin für die Fruchtbarkeit, soll die Empfängnisbereitschaft erhöhen und „müde Männer munter machen".

Nach dem Mittagessen soll ein Likörglas getrunken werden. Keinesfalls sollte der Rosmarinwein abends eingenommen werden, da dieser zu Einschlafproblemen führen kann.

Warmauszug

Rezept für 1 l Kräuterwein

3 frische Rosmarinzweige (ca. 30–35 g) bzw. 15 g getrockneter Rosmarin mit 1 l Wein in einem Topf 15 Minuten köcheln lassen. Wenn der Wein weniger als 40 Grad hat, rührt man 100 g Honig ein und lässt ihn eine Stunde ziehen. Dann abseihen und in Flaschen füllen.

Wegen seiner Gerb- und Bitterstoffe ist der Rosmarinwein länger haltbar als andere Kräuterweine und hält kühl und dunkel gelagert etwa 6 Monate.

GETREIDEWEINE

Die Weinbereitung aus verschiedenen Getreidesorten (Reis, Hirse, Weizen, Hafer, Roggen, Gerste, Mais) ist recht umstritten. Da in den Körnern kein freier Zucker vorhanden ist, sondern alle Zuckermoleküle zu der hochmolekularen Stärke verbunden sind, die nur durch das Enzym Amylase gespalten werden kann, muss dem Weinansatz die gesamte, zur alkoholischen Gärung benötigte Menge an Zucker zugesetzt werden.

Durch ein aufwendiges Verfahren, bei dem man Malz, das Amylase enthält, zusetzt, kann die Stärke aufgeschlossen werden. Man kann aber auch ohne dieses Verfahren einen recht anspruchsvollen Wein bereiten.

Da Getreide auch keine Säure enthält, muss der gewünschte Säuregehalt mit Milchsäure eingestellt werden. Weiterhin empfiehlt sich ein Tanninzusatz, um den Geschmack abzurunden und die Klärung zu erleichtern. Ebenso kann man den Wein durch den Zusatz von Rosinen gehaltvoller gestalten.

Das Getreide wird entweder im rohen Zustand (mit einer Kaffeemühle) oder im gekochten Zustand (mit einem Holzstampfer) zerkleinert. Dann führt man eine Maischegärung durch, wobei nach etwa zwei Wochen abgepresst und der Saft weiter vergoren wird. Der bekannteste Getreidewein ist der aus Reis hergestellte Sake, der sich besonders bei Anhängern der japanischen Küche großer Beliebtheit erfreut. Der selbst bereitete Reiswein lässt sich durchaus mit dem Original-Sake vergleichen. Sake trinkt man normalerweise aus winzigen Keramikbechern kalt oder erwärmt auf etwa 42 °C.

GETREIDEWEIN

Maischegärung

Rezept für 10 l Dessertwein

2–3 kg Getreide und eventuell 0,5–1 kg Rosinen werden zerkleinert und mit heißer Zuckerlösung aus 8,5 l Wasser und 2,5–3 kg Zucker überbrüht. Je nach Geschmack setzt man 50–70 g 80-prozentige Milchsäure zu. Zur Vergärung setzt man Dessertwein-Flüssighefe oder Trockenhefegranulat und 4 g Hefenährsalz zu. Nach etwa zwei Wochen presst man ab und verfährt wie in der „Allgemein gültigen Vorgehensweise" beschrieben (siehe S. 93). Klärt sich der Wein schlecht, kann man mit 10 ml 15-prozentigem Kieselsol schönen.

HINWEIS! Reiswein

Im Handel ist heutzutage eine spezielle Sake-Hefe erhältlich, welche auch eine höhere Alkoholtoleranz aufweist.

© Christian Strobl

WEIN AUS BAUMSÄFTEN

Eine weniger verbreitete Methode der Weinbereitung ist die Herstellung von Wein aus Baumsäften. Wer die Gelegenheit dazu hat, sollte ruhig mal einen Versuch wagen. Man kann ohnehin nur relativ geringe Mengen ansetzen, da man einem Baum nicht mehr als vier bis fünf Liter Saft abzapfen sollte. Es eignen sich Birken, Walnussbäume und bestimmte Feigenbaumarten.

Die beste Zeit zur Saftgewinnung ist zu Beginn des Frühjahrs, wenn der Baum anfängt zu wachsen. Man bohrt etwa einen halben Meter über dem Erdboden ein 2 cm tiefes Loch von 1 cm Durchmesser in die Rinde. Dann steckt man in dieses Loch einen Schlauch mit entsprechendem Durchmesser, dessen anderes Ende in ein Auffanggefäß (z. B. ein 5-l-Ballon) mündet. Die Gefäßöffnung wird um den Schlauch mit Watte verschlossen. Nach 24–36 Stunden sollten etwa 4 l Saft ausgetreten sein. Man entfernt den Schlauch und verschließt das Loch entweder mit dem zuvor herausgeschnittenen Stück Rinde oder mit einem Korken und versiegelt die Wunde mit Baumwachs, da sonst der Baum ausbluten könnte.

Der Saft wird nun 15 Minuten lang gekocht. Da er nicht sehr viel Aromastoffe enthält, ist ein Zusatz von Rosinen zu empfehlen, um den Wein gehaltvoller zu gestalten. Die Rosinen sollten gleich mitgekocht werden. Nach dem Abkühlen bestimmt man Zucker- und Säuregehalt. Je nach gewünschter Alkoholmenge setzt man die entsprechende Menge Zucker zu. Da Baumsäfte so gut wie keine Säure enthalten, muss nahezu die gesamte gewünschte Säuremenge durch 80-prozentige Milchsäure zugesetzt werden.

ARZNEIWEINE

Arzneiweine sind Arztzubereitungen, die durch Ausziehen, Lösen oder Mischen von Arzneimitteln mit Wein hergestellt werden.

Die Grundlage für diese Rezepte ist normalerweise Jerez-Wein, ein mit einer speziellen Jerez-Hefe und einem besonderen Verfahren sherryisierter Wein. Der Hobbywinzer kann aber auch andere Dessertweine verwenden, die in Geschmack und Farbe einem sherryisierten Wein ähnlich sind.

Als Beispiel sei hier das Rezept für Pepsinwein gegeben, der auch gelegentlich im Handel erhältlich ist. Er dient zur Anregung der Magentätigkeit und wirkt dadurch appetitanregend.

PEPSINWEIN

25 Teile Pepsin werden in 20 Teilen Glyzerin und 20 Teilen Wasser gelöst und mit 3 Teilen Salzsäure, 92 Teilen Zuckersirup (vgl. Nachsüßen, S. 50), 2 Teilen Pomeranzentinktur und 838 Teilen Wein vermischt.

HONIGWEIN (MET)

Met ist ein alkoholhaltiges Getränk, dessen Zubereitung die Germanen schon vor Jahrtausenden beherrschten. Es ist bis heute umstritten, ob die Herstellung von Traubenweinen oder die von Met auf eine ältere Tradition zurückzuführen ist.

Die Herstellung von Honigwein bereitet prinzipiell keine Schwierigkeiten, allerdings dauert die Gärung ebenso wie die oft nicht vollständige Klärung recht lange. Um guten Met herstellen zu können, muss man nicht unbedingt den besten Honig verwenden, da die Qualität auch noch von anderen Faktoren abhängt. So sollte Honigwein ruhig mit der Luft in Berührung kommen, da sich die Sherryisierung vorteilhaft auf das Aroma auswirkt. Ebenso sollte dieser Wein vor dem Genuss einige Monate gelagert werden, da die Qualität durch Lagerung wesentlich verbessert wird.

Honig enthält zu etwa 75–80 Prozent Zucker, der Rest besteht aus Wasser und Aromastoffen. Für den Weinansatz verdünnt man den Honig mit Wasser im Verhältnis 1:3. Da Honigwein meistens nicht vollständig durchgärt, erreicht man einen Alkoholgehalt von 12–14 Vol.-%.

Honig und Wasser werden auf 50 °C erhitzt und miteinander vermischt. Da Honig für den Wein schädliche Mikroorganismen enthalten kann, sollte man gleich schwefeln (1 g Kaliumpyrosulfit auf 10 l).

Honig enthält keine natürlichen Trubstoffe, die aber die Hefezellen benötigen, um sich daran anheften und durch das Gärgut treiben zu können. Darum setzt man dem Ansatz etwas Weizenmehl zu (10 g auf 10 l).

Dadurch wird die Gärfreudigkeit erhöht und das entstehende Kohlendioxid kann besser entweichen. Das Mehl rührt man vorher in einer Tasse mit kaltem Wasser glatt.

© Mona Lorenz

Tannin, Milchsäure und Hefenährsalz müssen auf alle Fälle auch zugesetzt werden.

Da Honigwein sehr schlecht angärt, muss einige Tage zuvor ein Gäransatz mit Fruchtsaft vorbereitet werden.

Ist die Honig-Wasser-Mischung abgekühlt, werden alle Zutaten und der Gärstarter hinzugefügt. Der Ansatz wird warm gestellt (22–24 °C) und unter regelmäßigem Schütteln vergoren. Die Gärung kann Monate dauern. Ist sie beendet, sollte ziemlich rasch und später immer, wenn es möglich ist, vom Trub abgezogen werden. Ebenso sollte der Wein für die Klärung möglichst kalt stehen. Ist der Wein ein halbes Jahr nach Ende der Gärung immer noch nicht klar, kann mit Kieselsol geschönt werden.

Hat der fertige Met zu wenig Restzucker, süßt man mit Honig nach. Einen fruchtigeren Geschmack und bessere Gärfreudigkeit bekommt der Wein, wenn man 10–20 Prozent des Ansatzes durch Fruchtsaft ersetzt.

Melomel : Metheglin

Da Honig alleine nicht immer ausreichenden Geschmack mitbringt, kann man den Honig auch sehr gut mit Früchten oder Kräutern zusammen vergären. Wein aus Honig mit Früchten wird Melomel (Honig-Fruchtwein) und aus Honig mit Kräutern Metheglin (Kräutermet) genannt.

Prinzipiell eigenen sich alle Früchte, um daraus einen Honig-Fruchtwein herzustellen. Besonders geeignet sind die meisten Beeren, wie Heidelbeeren, Erdbeeren oder Brombeeren, und auch exotische Früchte wie Mangos oder Papayas.

GENUSS VON FRUCHT- UND KRÄUTERWEINEN

Alle hier beschriebenen Frucht- und Kräuterweine sind natürlich vor allem für den direkten Genuss geeignet – ob als passender Tischwein, als kräftiger Dessertwein oder als leichter Wein für einen warmen Sommerabend. Aber ebenso wie ein aus Trauben erzeugter Wein lassen sich auch viele Obst- und Fruchtweine mit anderen Getränken, Gewürzen oder Zusätzen kombinieren.

So sind fast alle hier beschriebenen Weine für die Zubereitung von Weinschorle geeignet. Besonders im Sommer ist die Vermischung mit einem kalten, kohlensäurehaltigen Mineralwasser eine durstlöschende und spritzige Abwechslung.

Seine Gäste kann man aber auch mit einer eigens kreierten Bowle überraschen. Die Zubereitung entspricht hier genau denselben Rezepten, die bei Traubenwein-Bowlen verwendet werden. Da der Alkoholgehalt der Fruchtweine meistens recht hoch ist, reicht hier durchaus die Vermischung mit Mineralwasser und den passenden frischen Früchten oder Dosenfrüchten. Ein besonderes Aroma lässt sich durch die Zugabe kleiner Mengen passender Liköre oder Brände erzielen. Bei leichteren, helleren Weinen darf die Bowle natürlich auch noch kurz vor dem Servieren mit Sekt oder Prosecco verfeinert werden.

Im Winter beginnt dann wieder die Glühweinzeit. Auch hierfür ist eine Reihe von Fruchtweinen hervorragend geeignet. Am besten passen hier die dunklen Weine, wie

Zu einem schönen Sommerabend im Garten passt auch eine Flasche selbst gemachter Wein.
© G. Lehari

Schlehenwein, Holunderwein, Schwarzer Johannisbeerwein oder Heidelbeerwein. Je nach Geschmack werden die klassischen Zutaten, wie Nelken, Zimtstangen, Orangen- oder Zitronenscheiben, zusammen mit dem Wein langsam erhitzt. Der Glühwein sollte allerdings nicht zu lange und vor allem nicht zu stark erhitzt werden (also nicht kochen lassen!), damit nicht der gesamte Alkohol verdunstet.

Zuletzt sei auf den Klassiker für einen gemütlichen Winterabend hingewiesen: die Feuerzangenbowle. Kräftige, rote Fruchtweine können auch für eine Feuerzangenbowle verwendet werden, deren einzige weitere Zutaten Zuckerhut und Rum sind.

ANHANG

KLEINES FACHWÖRTERBUCH

Abstich: Abziehen des fertigen Weines von den sich abgesetzten Feststoffen. Mehrmaliges Abziehen kann notwendig sein, bis der Wein vollständig geklärt ist.

Acidometer: Gerät zur Bestimmung der Gesamtsäure.

Alkohol: bei der Spaltung von Zuckermolekülen unter Freisetzung von Kohlendioxid entstehende Verbindung. Bei der alkoholischen Gärung entsteht Ethanol, ein Alkoholmolekül mit zwei Kohlenstoffatomen. Methanol ist ein Alkohol mit einem Kohlenstoffatom.

Antigel: pektinspaltendes Enzym, das nach dem Zerkleinern den Früchten zugesetzt wird, um die Saftausbeute zu erhöhen.

Apiculatushefen: sogenannte „wilde" Hefen, die sich von Natur aus auf den Früchten befinden und zu unterschiedlichen Hefegruppen gehören.

Ascorbinsäure: Vitamin C, das dem fertigen Wein vor der Abfüllung anstatt und in Kombination mit Kaliumpyrosulfit für eine bessere Haltbarkeit zugesetzt werden kann.

Gärgefäß: Gefäß, in dem der Weinansatz durch Saft- oder Maischegärung vergoren wird. Gärgefäße können aus Glas, Holz oder Kunststoff sein.

Gärstarter: Einige Tage vor der Zugabe zum Weinansatz wird die Reinzuchthefe mit einer geringen Menge Fruchtsaft vermischt, damit sie sich zu vermehren beginnt, der Stoffwechsel aktiviert wird und somit die Gärung schneller in Gang kommt.

Gärröhrchen: Aufsatz für ein Gärgefäß mit Ventilfunktion, durch welches das entstehende Kohlendioxid entweichen, aber keine Außenluft eindringen kann.

Gärung: Vorgang, bei dem aus Zuckermolekülen unter Freisetzung von Kohlendioxid Alkohol (Ethanol) gebildet wird.

Gerbsäure: oder Tannin, ist ein Stoff, der in unterschiedlich hoher Konzentration in Früchten enthalten ist. Für ein ausgewogenes Aroma ist ein gewisser Gerbsäuregehalt im Wein notwendig. Wird auch als Schönungsmittel eingesetzt und trägt zur Verlängerung der Haltbarkeit bei.

Hefenährsalz: Mischung aus verschiedenen Salzen, welche die Hefen zur Durchführung des Stoffwechsels benötigen. Wird dem Weinansatz zugefügt.

Kaliumpyrosulfit: Salz der schwefligen Säure, in Pulver- oder Tablettenform erhältlich. Wird der Fruchtmaische oder dem Saft zugesetzt, da es unerwünschte Mikroorganismen unterdrückt. Reinzuchthefen sind gegen Kaliumpyrosulfit unempfindlich und können sich daher vermehren. Die reduzierende Wirkung des Kaliumpyrosulfits verhindert das Braunwerden der Früchte. Wegen der sterilisierenden Wirkung wird es auch als Desinfektionsmittel beim Abfüllen des Weines verwendet.

Klärung: Vorgang nach Beendigung der Gärung, wenn sich Trubstoffe und abgestorbene Hefezellen absetzen und der Wein allmählich klar wird.

Kohlendioxid: farb- und geruchloses Gas, das bei der alkoholischen Gärung entsteht und durch das Gärröhrchen freigesetzt wird.

Korken: dienen zum Verschließen der Weinflaschen. Man unterscheidet Press- und Naturkorken. Beide werden mittels eines speziellen Verkorkapparates in den Flaschenhals gedrückt.

Maische: aus zerkleinerten Früchten entstandener Fruchtbrei, der zusammen mit weiteren Zutaten zu Wein vergoren wird.

Mazerieren: Auslösung wasserlöslicher Stoffe aus dem Pflanzengut durch Überbrühen mit heißem Wasser.

Methanol: unerwünschtes Nebenprodukt, das beim Abbau von Pektin – allerdings nur in geringen Mengen – freigesetzt wird.

Milchsäure: organische Säure, die im Wein keiner weiteren chemischen Umwandlung unterworfen ist. Daher kann durch ihren Zusatz der Gesamtsäuregehalt eingestellt und konstant gehalten werden. Sie ist im Handel in 80-prozentiger Form erhältlich.

Mostgewicht: Maß für den Zuckergehalt. Je höher der Zuckergehalt oder die „Süßigkeit" ist, desto höher ist das Mostgewicht. Die Maßeinheit ist das Öchslegrad.

Mostwaage: oder Öchslewaage. Gerät zur Bestimmung des Mostgewichtes.

Öchsle: Ferdinand Öchsle, geb. 1774, gest. 1852, war der Erfinder und Namensgeber der Öchslewaage.

Öchslegrad: Maßeinheit für das Mostgewicht. Ein Öchslegrad ist das Gewicht, um das ein Liter Most schwerer ist als ein Liter Wasser.

Öchslewaage: siehe Mostwaage

Oxalsäure: vorwiegend in Rhabarber enthaltene Säure, die durch Zusatz von Kalziumkarbonat entfernt (ausgefällt) werden muss, da sie unbekömmlich und in größeren Mengen giftig ist.

Pektin: Kohlenhydrate, die faser- und fadenförmige Makromoleküle bilden und in ihren Zwischenräumen Wasser einlagern. Pektin hält das Wasser im Gewebe und erschwert das Auspressen der Früchte. Um eine möglichst hohe Saftausbeute zu erreichen, kann man Pektine auf enzymatischem Wege zerstören (siehe Antigel).

Refraktometer: Gerät zur Bestimmung des Brechungsindex durch Refraktometrie, in der Weinherstellung wird es zur Bestimmung des Zuckergehaltes im Fruchtsaft verwendet.

Reinzuchthefe: spezielle Heferassen, die für die alkoholische Gärung bei der Weinbereitung verantwortlich sind. Sie sind unempfindlich gegen Kaliumpyrosulfit und produzieren keine unerwünschten Nebenprodukte. Man unterscheidet Flüssighefe von Trockenhefe.

Säure: Der Säuregehalt beeinflusst den Geschmack des Weines bedeutend. Bei einem zu niedrigen Säuregehalt schmeckt der Wein zu flach, bei einem zu hohen Säuregehalt zu sauer oder aggressiv. Je nach Zuckergehalt sollte der Gesamtsäuregehalt zwischen 4 und 8 g/l liegen.

Schönung: Maßnahme, um einen fertigen, jedoch trüben Wein vollständig zu klären. Durch Zugabe unterschiedlicher

Schönungsmittel kann eine Klärung herbeigeführt werden.

Schwefeln: Zusatz von Schwefelverbindungen (siehe Kaliumpyrosulfit), um unerwünschte Mikroorganismen zu unterdrücken, ein Braunwerden der Früchte zu verhindern und zur Desinfektion von Flaschen, Korken usw.

Tannin: siehe Gerbsäure

Trester: die beim Abpressen der Fruchtmaische zurückbleibenden Feststoffe.

Vinometer: Gerät zum Bestimmen des Alkoholgehaltes beim fertigen Wein.

Weinansatz: Gesamtheit aller Zutaten, die miteinander vermischt und dann vergoren werden.

Weinfehler: Veränderungen von Geschmack, Geruch und/oder Farbe des Weines, die qualitätsmindernd sind oder den Wein sogar ungenießbar machen.

Weinheber: Gerät zum Abziehen von Wein. Besteht aus einem Schlauch, einem festen, an einem Ende gebogenen Rohr und einem Absperrhahn.

Weinkrankheiten: durch unterschiedliche Mikroorganismen hervorgerufene Veränderungen des Weines. Können durch sauberes Arbeiten und ausreichende Desinfektion weitgehend vermieden werden.

GESETZLICHE BESTIMMUNGEN

Nachfolgend werden die wichtigsten gesetzlichen Vorschriften für Österreich und Deutschland wiedergegeben. Jeder, der seinen selbsterzeugten „Wein" verkaufen will, sollte sich aber unbedingt bei der dafür zuständigen Behörde genau über die dabei einzuhaltenden Vorschriften informieren!

Österreich

Seit Mitte der Achtzigerjahre, als Folge des Weinskandals, hat Österreich weltweit eines der strengsten Weingesetze. Obstwein war in diesem aber immer nur am Rande erwähnt, bis 2009 ein eigener Teil für Obstweine eingeführt worden ist. Damit wurde dem steigenden Interesse an diesem Thema und diesen Produkten Rechnung getragen.

Auszug aus dem Österreichischen Weingesetz 2009 – Obstweinverordnung (Fassung vom 31.08.2022)

§ 1. Begriffsbestimmungen für Erzeugnisse des Obstweinbereiches:

1. „Obstdessertwein" ist mit Alkohol oder Obstbrand, Zucker, Fruchtsaft oder Fruchtsaftkonzentrat versetzter Obstwein, der pro Liter, den Alkohol in Zucker umgerechnet, mehr als 260 g/l Zucker und mindestens 13,0 % vol. Alkohol, höchstens aber 22,0 % vol. Alkohol enthält.

2. „Aromatisierter Obstwein“ ist ein Getränk, das aus Obstwein gewonnen wurde, dessen Gehalt an vorhandenem Alkohol mindestens 13,0 % vol., höchstens aber 22,0 % vol. beträgt, und das einer Aromatisierung unter Verwendung von Aromen, Würzkräutern oder geschmackgebenden Nahrungsmitteln unterzogen wurde. Darüber hinaus dürfen Fruchtsaft, Fruchtsaftkonzentrat, Alkohol, Obstbrand und Zucker zugesetzt werden; der Grundobstweinanteil muss mindestens 75 % betragen.
3. Ein „aromatisiertes obstweinhaltiges Getränk“ ist ein Getränk, das aus Obstwein gewonnen wurde, dessen Gehalt an vorhandenem Alkohol mindestens 1,2 % vol., jedoch weniger als 13,0 % vol. beträgt, und das einer Aromatisierung unter Verwendung von Aromen, Würzkräutern oder geschmackgebenden Nahrungsmitteln unterzogen wurde. Darüber hinaus dürfen Fruchtsaft, Fruchtsaftkonzentrat, Kohlensäure und Zucker zugesetzt werden; der Grundobstweinanteil muss mindestens 50 % betragen.
4. „Zider“ ist ein Getränk aus einem Gemenge von Fruchtsaft mit Obstwein derselben Obstartgruppe, das bis zu 5 % vol. und einen Kohlensäureüberdruck von höchstens 2,5 bar bei 20° C aufweist; der Alkoholgehalt, einschließlich des auf Alkohol umgerechneten noch vorhandenen Zuckers, darf 8 % vol. nicht überschreiten. „Fruchtzider“ hat diesen Anforderungen zu entsprechen, kann jedoch aus Obstarten unterschiedlicher Obstartgruppen erzeugt werden. „Aromatisierter Zider“ hat diesen Anforderungen zu entsprechen, kann jedoch aus Obstarten unterschiedlicher Obstartgruppen erzeugt werden, und ist unter Verwendung von pflanzlichen Aromen, Würzkräutern oder geschmacksgebenden Nahrungsmitteln zu aromatisieren.
5. „Obstperlwein“ ist Obstwein, der einen vorhandenen Alkoholgehalt von mindestens 5 % vol. und in geschlossenen Behältnissen einen Kohlensäureüberdruck von mindestens 1,0 bar und höchstens 2,5 bar bei 20° C aufweist.
6. „Obstschaumwein“ ist schäumender Obstwein, der durch alkoholische Gärung aus Fruchtsaft oder zweite alkoholische Gärung von Obstwein oder durch Zusatz von Kohlensäure gewonnen wurde und beim Öffnen des Behältnisses durch Entweichen von Kohlendioxid gekennzeichnet ist. Der Kohlensäureüberdruck muss in geschlossenen Behältnissen bei 20° C mindestens 3,0 bar betragen.
7. Ein „obstweinhaltiges Getränk“ ist ein Getränk, das aus Obstwein und allenfalls mit Zusatz von Kohlensäure, Zucker, Fruchtsaft, Fruchtsaftkonzentrat oder Wasser (Mineralwasser oder Trinkwasser), hergestellt wurde, welches einen Gehalt an vorhandenem Alkohol von mindestens 1,2 % vol. und einen Grundobstweinanteil von mindestens 50 % aufweist.
8. „Obsteismost“ ist ein Getränk, das aus in der Natur und am Betrieb des Herstellers gefrorenem Kernobst, Kernobstmus, Kernobstmaische oder in der Natur und am Betrieb des Herstellers gefrorenem direkt gepressten Kernobstsaft (kein Konzentrat) hergestellt wurde. Der vorhandene Alkoholgehalt hat mindestens 7 % vol. und höchstens 13 % vol. zu betragen. Das Mindestmostgewicht nach dem Gefrierprozess hat mindestens 35° Brix zu betragen. Der Gehalt an flüchtiger Säure darf höchstens 1,5 g/l betragen. Bei Vorliegen der allgemeinen Voraussetzungen für Qualitätsobstwein darf Obsteismost mit staatlicher Prüfnummer in Verkehr ge-

setzt werden. Jeder Erzeuger von Obsteismost hat am Tage der Erzeugung bis 9 Uhr die Absicht unter Angabe der Menge an die Bundeskellereiinspektion zu melden.

§ 2. (1) Für die Behandlung von Kernobstwein ist zulässig:

1. das Verschneiden von Apfel- mit Birnenwein,
2. das Zusetzen von Saccharose, Fruchtsaft oder Fruchtsaftkonzentrat aus Kernobst, z. B. (rektifiziertem) Apfelsaftkonzentrat, oder rektifiziertem Traubenmostkonzentrat in dem Ausmaß, dass der auf Gramm Zucker je Liter umgerechnete Gesamtalkoholgehalt von 161 g/l nicht überschritten wird, und
3. das Strecken der Maische, des Saftes oder des Obstweines durch Wasserzusatz in dem Maße, dass der gesamte zuckerfreie Extrakt abzüglich der titrierbaren Säure, berechnet als Äpfelsäure, des fertigen Getränkes mindestens 12 g je Liter und sein Alkoholgehalt, einschließlich des auf Alkohol umgerechneten etwa noch vorhandenen Zuckers, mindestens 4 % vol. beträgt.

§ 2. (2) Für die Behandlung von Steinobst-, Beerenobst- und Fruchtweinen ist zulässig:

1. das Strecken der Maische, des Saftes und des Obstweines durch Wasserzusatz in dem Maße, dass der gesamte zuckerfreie Extrakt abzüglich der titrierbaren Säure, berechnet als Äpfelsäure, des fertigen Getränkes mindestens 12 g je Liter und sein Alkoholgehalt, einschließlich des auf Alkohol umgerechneten etwa noch vorhandenen Zuckers, mindestens 4 % vol. beträgt,
2. das Zusetzen von Saccharose, Fruchtsaft oder Fruchtsaftkonzentrat der gleichen Obstarten oder der gleichen Obstartgruppen sowie rektifiziertem Traubenmostkonzentrat in dem Ausmaß, dass der auf Gramm Zucker je Liter umgerechnete Gesamtalkoholgehalt von 246 g/l nicht überschritten wird, und
3. das Auffärben des von Natur aus roten Beeren- und Steinobstweines mit frischen Trestern oder dem Saft der gleichen Obstartgruppe (§12).

§ 2. (3)

Zur Herstellung von Obstdessertwein, aromatisiertem Obstwein, Obstperlwein und Obstschaumwein dürfen Obstweine mit Zucker oder Fruchtsaftkonzentrat in höherem als in den Abs. 1 und 2 bezeichnetem Ausmaß versetzt werden.

3. Abschnitt / Herstellung von Obstwein / Herstellungsverfahren

§ 11. (1) Zur Herstellung von Obstwein sind folgende önologischen Verfahren zulässig:

a. Belüftung oder Zusatz von Sauerstoff;
b. Einleitung von Stickstoff;
c. thermische Behandlungen;
d. Zentrifugierung und Filtrierung mit oder ohne inerte Filterhilfsstoffe, sofern diese in dem so behandelten Erzeugnis keine unerwünschten Rückstände hinterlassen;
e. Verwendung von Kohlendioxid, Argon oder Stickstoff, auch gemischt, damit eine inerte Atmosphäre hergestellt und das Erzeugnis vor Luft geschützt behandelt wird;
f. Zusatz von Kohlendioxid, sofern der Kohlendioxidgehalt des behandelten Obstweines 2 g/l nicht übersteigt. Bei Zider, Obstperlwein, Obstschaumwein, aromatisiertem obstweinhaltigen Getränk und obstweinhaltigem Getränk ist der Zusatz in einem höheren Ausmaß erlaubt;
g. Verwendung von Schwefeldioxid oder Kaliummetabisulfit, auch Kaliumdisulfit

oder Kaliumbisulfit oder Kaliumpyrosulfit genannt bis zu einem Höchstwert von 50 mg/l freiem SO2 und 200 mg/l Gesamt-SO2 bei Abgabe an den Verbraucher;

h. Zusatz von Sorbinsäure oder Kaliumsorbat, sofern der Endgehalt des behandelten, zum unmittelbaren menschlichen Verbrauch in Verkehr gebrachten Erzeugnisses an Sorbinsäure 200 mg/l nicht übersteigt;
i. Zusatz von L-Ascorbinsäure;
j. Zusatz von Zitronensäure;
k. Zusatz von Äpfelsäure oder Milchsäure;
l. Zusatz von Weinsäure und kohlensaurem Calzium, zum Zwecke der Entsäuerung unter Anwendung des Verfahrens der „Verbesserten Doppelsalzentsäuerung“;
m. Zusatz von Zucker, Zuckerkulör oder Karamel, rektifiziertem Traubenmostkonzentrat sowie Lysozym;
n. Verwendung von Weinhefen;
o. Verwendung folgender Verfahren zur Förderung der Hefebildung: Zusatz von Diammoniumphosphat oder Ammoniumsulfat bis zu einem Grenzwert von jeweils 0,3 g/l; Zusatz von Ammoniumsulfit oder Ammoniumbisulfit bis zu einem Grenzwert von jeweils 0,2 g/l. Unbeschadet des vorstehend genannten Grenzwertes von 0,2 g/l können diese Erzeugnisse auch zusammen bis zu einem Gesamtgrenzwert von 0,3 g/l verwendet werden; Zusatz von Thiaminium-Dichlorhydrat bis zu einem in Thiaminium ausgedrückten Grenzwert von 0,6 mg/l;
p. Behandlung mit Aktivkohle bis zum Grenzwert von 100 g/hl;
q. Verwendung von Polyvynilpolypyrrolidon bis zum Grenzwert von 80 g/hl;
r. Verwendung von Kupfersulfat zur Beseitigung eines geschmacklichen oder geruchlichen Mangels des Obstweines bis zum Grenzwert von 1 g/hl, sofern der Kupfergehalt des so behandelten Erzeugnisses 1 mg/l nicht übersteigt;
s. Verwendung von Milchsäurebakterien;
t. Verwendung von Kaliumhexacyanoferrat;
u. Verwendung von Calziumalginat oder Kaliumalginat zur Bereitung von Schaumwein in Flaschengärverfahren bei dem die Enthefung durch degorgieren erfolgt;
v. Klärung durch einen oder mehrere der folgenden Stoffe: Speisegelatine, Hausenblase, Kasein und Kaliumkaseinate, tierisches Eiweiß, Bentonit, Siliziumdioxid, in Form von Gel oder kolloidaler Lösung, Kaolinerde, Tannin, pektolytische Enzyme sowie Pflanzenproteine,
w. Verwendung von Heferindenzubereitungen,
x. Verwendung von Gummiarabikum und Dimethyldicarbonat (DMDC).
y. Verwendung von Silberchlorid; Silberchlorid darf zur Beseitigung von Schwefel- und Mercaptanböcksern des Obstweines verwendet werden. Die zulässige Höchstmenge beträgt 5 Gramm je Hektoliter. Ist Silberchlorid auf einem Trägerstoff aufgebracht, so ist bei Handelspräparaten der Silberchloridgehalt in der entsprechenden Gewichtseinheit anzugeben. Es ist sicherzustellen, dass der Silbergehalt 0,1 mg je Liter bei Abgabe an den Verbraucher nicht überschreitet;
z. Verwendung von pflanzlichem Eiweiß.

(2) Darüber hinaus ist den Anforderungen der Verordnung (EG) Nr. 1333/2008 des Europäischen Parlaments und des Rates vom 16. Dezember 2008 über Lebensmittelzusatzstoffe (Farbstoffe, Süßungsmittel und andere Lebensmittelzusatzstoffe), zu entsprechen.

(3) Die Anforderungen bezüglich der Anwendungskriterien, Grenzwerte, Zusammenset-

zung und Reinheitskriterien der verwendeten Behandlungsmittel sind jene, die auch für Behandlungen von Traubenwein gelten.

§ 12 Obstartgruppen

Die einzelnen Obstarten sind nachstehenden Obstartgruppen zuzuordnen:

1. Kernobst: Apfel, Birne, Quitte,
2. Steinobst: Kirsche, Marille, Nektarine, Pfirsich, Weichsel, sämtliche Zwetschken- und Pflaumenarten,
3. Beerenobst: Brombeere, Erdbeere, Heidelbeere, Himbeere, Holunder, Rote Ribisel, Schwarze Ribisel, Weiße Ribisel, Stachelbeere,°Aronia, Vogelbeere, Speierling, Mehlbeere und Elsbeere sowie Keltertrauben, die nicht der Art Vitis vinifera angehören oder nicht aus einer Kreuzung der Art Vitis vinifera mit anderen Arten der Gattung Vitis stammen.
4. Alle übrigen Obstarten zählen zum sonstigen Obst.

Deutschland

Leitsätze für weinähnliche und schaumweinähnliche Getränke

vom 27. November 2002 (Beilage Nr. 46 b zum BAnz. vom 7. März 2003, GMB1. Nr. 8-10 vom 20. Februar 2003)

I. Allgemeine Beurteilungsmerkmale

A. Begriffsbestimmungen

Die in diesem Leitsatz beschriebenen Erzeugnisse sind zum unmittelbaren Verzehr geeignete, alkoholhaltige Getränke, die durch teilweise oder vollständige alkoholische Gärung aus Fruchtsaft oder Fruchtmark, jeweils auch in konzentrierter Form, oder aus der Maische von frischen oder mit Kälte haltbar gemachten Früchten – ausgenommen Weintrauben -, auch in Mischung untereinander, oder aus frischen oder mit Kälte haltbar gemachten Rhabarberstängeln oder aus Honig hergestellt werden. Dabei werden unterschieden:

1. Apfel-/Birnenwein sind Erzeugnisse aus Äpfeln bzw. Birnen, auch nur teilweise vergoren.
2. Most nach Landesbrauch ist ein Erzeugnis aus Äpfeln und/oder Birnen, das unter Verwendung von höchstens einem Drittel Wasser hergestellt wird.
3. Apfel-/Birnendessertwein ist unter Verwendung von Zuckerarten hergestellter Apfel- bzw. Birnenwein, der mindesten 8 % vol und höchstens 11 % vol vorhandenen Alkohol enthält.
4. Apfel-/Birnendessertwein ist unter Verwendung von Zuckerarten hergestellter Apfel- bzw. Birnenwein, der mindestens 12 % vol vorhandenen Alkohol enthält.
5. Apfel-/Birnenperlwein ist Apfel- bzw. Birnenwein, auch nur teilweise vergoren, mit einem Überdruck an Kohlensäure von mindestens 1 bar und höchstens 2,5 bar.
6. Apfel-/Birnenschaumwein ist Apfel- bzw. Birnenwein, auch nur teilweise vergoren, mit einem Überdruck an Kohlensäure von mindestens 3 bar.
7. Fruchtwein ist ein Erzeugnis aus anderen Früchten als Äpfeln bzw. Birnen, das unter Verwendung von Zuckerarten und Wasser hergestellt wird. Es enthält höchstens 25 Volumenprozent Apfel- und/oder Birnenwein.
8. Fruchtdessertwein ist Fruchtwein, der mindestens 12 % vol vorhandenen Alkohol enthält.
9. Fruchtperlwein ist Fruchtwein mit einem Überdruck an Kohlensäure von mindestens 1 bar und höchstens 2,5 bar.
10. Fruchtschaumwein ist Fruchtwein mit einem Überdruck an Kohlensäure von mindestens 3 bar.

11. Rhabarberwein ist ein Erzeugnis aus Rhabarberstängeln, das unter Verwendung von Zuckerarten und Wasser hergestellt wird.
12. Honigwein ist ein Erzeugnis, das aus einem Gewichtsteil Honig mit höchstens zwei Gewichtsteilen Wasser ohne Zusatz von Zuckerarten oder anderen süßenden Zutaten hergestellt wird.
13. Honigschaumwein ist ein Erzeugnis aus Honigwein mit einem Überdruck an Kohlensäure von mindestens 3 bar.
14. Weiterverarbeitete Erzeugnisse werden aus den Erzeugnissen der Nummern 1–13 unter Verwendung von Wasser und Zuckerarten sowie von Fruchtsäften und/oder Fruchtsaftkonzentraten, auch aus anderen als bei der Geschmacksangabe erwähnten Fruchtarten und ggf. anderen Getränken hergestellt.

B. Herstellung

1. Die zur Herstellung verwendeten Früchte sind in geeignetem Reifezustand geerntet, unverdorben, ungetrocknet und nicht chemisch konserviert.
2. Zur Herstellung und Haltbarmachung dienen folgende Verfahren, auch in Kombination:
   - Filtrieren mit Filterhilfsstoffen oder ohne Filterhilfsstoffe,
   - Zentrifugieren,
   - Homogenisieren,
   - Thermische Behandlung,
   - Luft- und Sauerstoffbehandlung,
   - Verwendung von Kohlendioxid, Argon, Helium oder Stickstoff, auch in Gemischen, zur Herstellung einer inerten Atmosphäre zum Schutz des Erzeugnisses.
3. Zur Herstellung aller Erzeugnisse sind üblich:
   - Fruchtsaft und/oder Fruchtmark, jeweils auch in konzentrierter Form, und/oder die Maische von frischen Früchten,
   - gesunde, frische, flüssige Hefe von weinähnlichen Getränken, flüssige Reinhefe oder Trockenhefe. Sie wird nicht unter Verwendung von Traubenmost oder Wein vermehrt,
   - Zuckerarten,
   - Ammoniumchlorid, Ammoniumcarbonat, Ammoniumphosphat oder Ammoniumsulfat bis zur 400 mg/l zur Anregung und Förderung der alkoholischen Gärung,
   - Pektin bis zu 3 g/l,
   - Schwefeldioxid oder Kaliummetabisulfat bis zu 200 mg/l im fertigen Erzeugnis, berechnet als SO2,
   - Sorbinsäure oder Kaliumsorbat bis zu 200 mg/l, berechnet als freie Säure,
   - Äpfelsäure, Milchsäure und/oder Citronensäure bis zu insgesamt 3 g/l,
   - Zuckerkulör zur Farbkorrektur,
   - Kohlendioxid,
   - zur Klärung (Schönung) die folgenden Stoffe:

   a. Gelatine, Kasein und Kaliumkaseinate,
   b. Bentonit,
   c. Aktivkohle zu Schönungszwecken,
   d. Kieselsäure/Siliciumdioxid,
   e. zugelassene Filterhilfsstoffe,
   f. Polyvinylpolypyrrolidon (PVPP).

   Der Zusatz anderer als der erwähnten Zusatzstoffe ist nicht üblich.
4. Zur Herstellung von Apfel-/Birnenwein, Apfel-/Birnenperlwein und Apfel-/Birnenschaumwein werden zusätzlich verwendet:
   - Für Apfel-/Birnenwein: außer Zuckerarten auch Iso-Glucose, insgesamt aber

nur bis zur Erreichung eines Mostgewichtes von höchstens 55 Grad Öchsle, sowie Süßstoffe.
- Für Apfelwein: ggf. Speierling (Sorbus domestica L.), Eberesche und/oder Quitte.

5. Zur Herstellung von Apfel-/Birnentischwein und Apfel-/Birnendessertwein werden zusätzlich verwendet:
   - Iso-Glucose oder Honig,
   - Wasser oder ein wässriger Auszug der Pressrückstände in der technisch erforderlichen Menge, sofern dadurch nicht mehr Wasser hinzukommt, als einem Zehntel der gesamten Flüssigkeit entspricht.
6. Zur Herstellung von Fruchtwein, Fruchtperlwein, Fruchtschaumwein, Fruchtdessertwein und Rhabarberwein werden zusätzlich verwendet:
   - Iso-Glucose oder Honig,
   - Wasser oder ein wässriger Auszug der Pressrückstände in der technisch erforderlichen Menge.
7. Zur Herstellung von Honigwein und Honigschaumwein werden zusätzlich verwendet:
   - Hopfen,
   - Gewürze.
   - Abweichend von Nummer 3 wird nur Citronensäure bis zu 3 g/l verwendet.
8. Zur Herstellung von weiterverarbeiteten Erzeugnissen werden zusätzlich verwendet:
   - natürliche aromatische und würzende Stoffe wie Kräuter, Ingwer, Zimt, Nelken, Citrusfrüchte und/oder Aromen,
   - andere Getränke,
   - Zusatzstoffe.

C. Beschaffenheitsmerkmale

1. Ein Überschuss an Kohlensäure ist wertbestimmend für Apfel-/Birnenperlwein und Apfel-/Birnenschaumwein, auch teilvergoren, sowie für Fruchtperlwein und Fruchtschaumwein. Ihr Gehalt wird berechnet als der Überdruck in einem geschlossenen Behältnis, der bei 20 °C gemessen wird und auf aufgelöstes Kohlendioxid zurückgeht. Andere Erzeugnisse, bei denen der Gehalt an Kohlensäure nicht wertbestimmend ist, enthalten höchstens 1 bar Überdruck an Kohlendioxid.
2. Erzeugnisse kommen auch in alkoholreduzierter oder alkoholfreier Form in den Verkehr. Alkoholreduzierte Erzeugnisse enthalten über 0,5 % vol und höchstens 4 % vol vorhandenen Alkohol, alkoholfreie Erzeugnisse höchstens 0,5 % vol vorhandenen Alkohol. Die Verminderung des Alkoholgehaltes erfolgt ausschließlich mit physikalischen Verfahren.
3. Der zuckerfreie Extrakt wird berechnet aus dem Gesamtextrakt in g/l minus dem Zuckergehalt plus 1. Eventuell zugesetzte Fruchtsäuren werden bei der Berechnung des maßgebenden zuckerfreien Extraktes auf die Dichte bezogen vorher subtrahiert.
4. Bei Erzeugnissen gemäß Abschnitt I A Nr. 1–13 werden nur Erzeugnisse aus der gleichen Fruchtart oder Honig zugefügt, die vergoren worden sind.
5. Alle Zutaten werden ggf. in jedem Stadium der Herstellung zugefügt.

D. Bezeichnung und Aufmachung

1. Volumina über 200 ml Apfel-/Birnenschaumwein, auch teilvergoren, Fruchtschaumwein und Honigschaumwein kommen in drucksicheren Flaschen mit Schaumweinstopfen in den Verkehr, die durch Schnur, Draht oder Bügel gesichert sind. Für Flaschen mit einem Volumen von 200 ml und darunter ist auch ein Schraubverschluss oder Kronenkorken üblich.

2. Die Verkehrsbezeichnung ist die in diesen Leitsätzen durch Kursivdruck hervorgehobene Bezeichnung. Sie wird sowohl als zusammengesetztes Wort als auch mit Bindestrich geschrieben, z. B. *Fruchtperlwein* oder *Frucht-Perlwein*.
3. Üblich sind folgende Bezeichnungen zur Kennzeichnung des Restzuckergehaltes: „brut“, „herb“ bei weniger als 15 g/l Restzucker, „trocken“, „sec“, „secco“ bei 15 g/l–35 g/l Restzucker, „halbtrocken“, „demi-sec“, „semi-secco“ bei 33 g/l–50 g/l Restzucker, „mild“, „doux“, „sweet“ bei mehr als 50 g/l Restzucker.
4. Bei Erzeugnissen aus einer Fruchtart wird ggf. die Fruchtart in Verbindung mit „...-wein“, „...-perlwein“ oder „...-schaumwein“ anstelle der Erzeugnisgruppe angegeben. Nicht berücksichtigt wird bei der Herstellung von Apfelwein ein Anteil von höchstens 5 Volumenprozent Birnensaft oder Birnenwein sowie bei der Herstellung von Fruchtwein ein Anteil von höchstens 2 Volumenprozent eines anderen Fruchtsaftes oder Apfel-/Birnenweines oder Fruchtweines zur Geschmacks- und Farbkorrektur.
5. Bezeichnungen wie „Beerenwein“, bzw. Beeren-Schaumwein“ sind üblich, soweit das Erzeugnis ausschließlich aus Beeren hergestellt ist.
6. Besteht ein Erzeugnis aus mehreren Fruchtarten und/oder Honig, werden diese ggf. in Verbindung mit „...-wein“, „...-perlwein“ oder „...-schaumwein“ anstelle der Erzeugnisgruppe angegeben. In diesem Fall werden die Fruchtarten einschließlich Honig vollständig und in der Reihenfolge abnehmender Anteile genannt.
7. Bei alkoholreduzierten Erzeugnissen wird die Verkehrsbezeichnung je nach dem noch vorhandenen Alkoholgehalt durch die Angaben *alkoholreduziert* oder *alkoholfrei* ergänzt. Üblich sind zusätzlich auch *leicht* oder *light* für alkoholreduzierte Erzeugnisse.
8. Der zusätzliche Geschmackshinweis „Speierling“ deutet auf einen gerbstoff- und säurebetonten Apfelwein hin.
9. Neben der Verkehrsbezeichnung ist die bildliche Darstellung der verwendeten Frucht bzw. Früchte üblich.
10. Weiterverarbeitete Erzeugnisse mit bildlichen Darstellungen von Zutaten, die durch Verwendung von Aromen ganz oder teilweise ersetzt wurden, tragen im Hauptsichtfeld einen Hinweis darauf, z. B. „aromatisiert“ oder „mit Aroma“.

II. Besondere Beurteilungsmerkmale

A. Erzeugnisse aus Äpfeln oder Birnen

1. *Apfelwein, Birnenwein* enthält
   - mindestens 5 % vol vorhandenen Alkohol,
   - mindestens 18 g/l zuckerfreien Extrakt,
   - mindestens 3 g/l nichtflüchtige Säure, berechnet als Weinsäure,
   - höchstens 1,0 g/l flüchtige Säure, berechnet als Essigsäure.
2. *Schwäbischer Most, Württemberger Most, Badischer Most, Most aus ...* enthält
   - mindestens 4 % vol vorhandenen Alkohol,
   - mindestens 12 g/l zuckerfreien Extrakt,
   - mindestens 3 g/l nichtflüchtige Säure, berechnet als Weinsäure,
   - höchstens 1,0 g/l flüchtige Säure, berechnet als Essigsäure.
3. *Apfelwein teilvergoren, teilvergorener Apfelwein, Apfel-Cidre, Birnenwein teilvergoren, teilvergorener Birnenwein, Birnen-Cidre* wird durch nur teilweise alkoholische Gärung hergestellt. Er enthält:

- mindestens 2 % vol bis 4,5 % vol vorhandenen Alkohol,
- mindestens 16 g/l zuckerfreien Extrakt,
- mindestens 4 g/l nichtflüchtige Säure, berechnet als Weinsäure,
- höchstens 1,0 g/l flüchtige Säure, berechnet als Essigsäure.

4. *Apfeltischwein, Birnentischwein* enthält
   - mindestens 8 % vol und höchstens 11 % vol vorhandenen Alkohol,
   - mindestens 16 g/l zuckerfreien Extrakt,
   - mindestens 4 g/l nichtflüchtige Säure, berechnet als Weinsäure,
   - höchstens 1,0 g/l flüchtige Säure, berechnet als Essigsäure.
5. *Apfeldessertwein, Birnendessertwein* enthält
   - mindestens 12 % vol vorhandenen Alkohol,
   - mindestens 16 g/l zuckerfreien Extrakt,
   - mindestens 4 g/l nichtflüchtige Säure, berechnet als Weinsäure,
   - höchstens 1,2 g/l flüchtige Säure, berechnet als Essigsäure.
6. *Apfelperlwein, Birnenperlwein* entspricht bis auf den höheren Überdruck an Kohlensäure den Anforderungen an Apfel-/Birnenwein.
7. *Apfelperlwein teilvergoren, teilvergorener Apfelperlwein, Apfel-Cidre moussierend, Apfel-Cidre perlend, Birnenperlwein teilvergoren, teilvergorener Birnenperlwein, Birnen-Cidre moussierend, Birnen-Cidre perlend* entspricht bis auf den höheren Überdruck an Kohlensäure den Anforderungen an Apfel-/Birnenwein.
8. *Apfelschaumwein, Birnenschaumwein* entspricht bis auf den höheren Überdruck an Kohlensäure den Anforderungen an Apfel-/Birnenwein.
9. *Apfelschaumwein teilvergoren, teilvergorener Apfelschaumwein, Birnenschaumwein teilvergoren, teilvergorener Birnenschaumwein* enthält mindestens 16 g/l zuckerfreien Extrakt und entspricht im übrigen bis auf den höheren Überdruck an Kohlensäure den Anforderungen an teilvergorenen Apfel-/Birnenwein.

B. Erzeugnisse aus anderen Früchten und Rhabarber

1. *Fruchtwein* enthält
   - mindestens 5,5 % vol vorhandenen Alkohol,
   - mindestens 16 g/l zuckerfreien Extrakt,
   - mindestens 5 g/l nichtflüchtige Säure, berechnet als Weinsäure,
   - höchstens 1,2 g/l flüchtige Säure, berechnet als Essigsäure.
2. *Fruchtdessertwein* enthält
   - mindestens 12 % vol vorhandenen Alkohol,
   - mindestens 16 g/l zuckerfreien Extrakt,
   - mindestens 6 g/l nichtflüchtige Säure, berechnet als Weinsäure,
   - höchstens 1,2 g/l flüchtige Säure, berechnet als Essigsäure.
3. *Fruchtperlwein* entspricht bis auf den höheren Überdruck an Kohlensäure den Anforderungen an Fruchtwein.
4. *Fruchtschaumwein* entspricht bis auf den höheren Überdruck an Kohlensäure den Anforderungen an Fruchtwein.
5. *Rhabarberwein* entspricht den Anforderungen an Fruchtwein.

C. Weiterverarbeitete Erzeugnisse

1. *Apfel-/Birnenwermutwein* und *Fruchtwermutwein* werden aus Apfel-/Birnenwein bzw. Fruchtwein ohne Verwendung von Wasser hergestellt und enthalten mindestens 12 % vol vorhandenen Alkohol.
2. *Apfel-/Birnenglühwein* wird aus Apfel-/Birnenwein ohne Verwendung von Wasser hergestellt und enthält mindestens 5 % vol vorhandenen Alkohol.

3. *Fruchtglühwein, Fruchtglühwein aus ..., Fruchtweinpunsch aus ...* wird aus Fruchtwein ohne Verwendung von Wasser hergestellt und enthält mindestens 5,5 % vol vorhandenen Alkohol.
4. *Gespritzter aus ...-wein* enthält Kohlensäure und mindestens 75 Volumenprozent Apfel/Birnenwein oder Fruchtwein.
5. *Kalte Ente aus ...-wein* enthält mindestens 75 Volumenprozent Apfel-/Birnenschaumwein bzw. Fruchtschaumwein.
6. *Bowle aus ...-wein, ...-wein-Bowle* enthält mindestens 75 Volumenprozent der Erzeugnisse aus Äpfeln oder Birnen oder anderen Früchten.
7. *Apfel-/Birnenweinaperitif, Fruchtweinaperitif, ...-wein-Aperitif* enthalten mindestens 75 Volumenprozent der Erzeugnisse aus Äpfeln bzw. Birnen oder aus anderen Früchten und mindestens 12 % vol vorhandenen Alkohol.
8. *Schorle aus ...-wein, ...-wein-Schorle, Apfel-/Birnenweinhaltiges Getränk aus ..., fruchtweinhaltiges Getränk aus ..., ...-weinhaltiger Cocktail, ...-wein-Cocktail* enthält Kohlensäure und mindestens 50 Volumenprozent der Erzeugnisse aus Äpfeln bzw. Birnen und anderen Früchten.
9. *...-wein-Mischgetränk* enthält mindestens 15 Volumenprozent Erzeugnisse aus Äpfeln bzw. Birnen und/oder anderen Früchten und/oder Honig.

D. Erzeugnisse auf der Basis von Honig

1. *Honigwein, Met* enthält
   - mindestens 5,5 % vol vorhandenen Alkohol,
   - mindestens 16 g/l zuckerfreien Extrakt,
   - höchstens 1,2 g/l flüchtige Säure, berechnet als Essigsäure.
2. *Honigschaumwein* ist ein Erzeugnis aus Honigwein mit einem Überdruck an Kohlensäure von mindestens 3 bar und entspricht den Anforderungen gemäß Nummer 1.
3. *Honigfruchtwein* enthält überwiegend Honigwein sowie Fruchtwein und entspricht den Anforderungen gemäß Nummer 1.
4. *Honigfruchtschaumwein* ist ein Erzeugnis aus Honig-Fruchtwein mit einem Überdruck an Kohlensäure von mindestens 3 bar und entspricht den Anforderungen gemäß Nummer 1.
5. *Honigwein* mit Fruchtsaft enthält überwiegend Honigwein sowie Fruchtsaft und Wasser und entspricht den Anforderungen gemäß Nummer 1.
6. *Honigfruchtschaumwein* mit Fruchtsaft ist Honigwein mit Fruchtsaft mit einem Überdruck an Kohlensäure von mindestens 3 bar und entspricht den Anforderungen gemäß Nummer 1.

LITERATURVERZEICHNIS

AMBROSI, H. et al.: Farbatlas Rebsorten. Stuttgart 1994.

ARAUNER, R.: Kitzinger Weinbuch. Kitzingen 1999.

BINDER, E.: Fruchtwein, Most und Säfte. München 2004.

DIEMAR, W., KOCH, J., HESS, D.: Über den Einfluß der schwefligen Säure und L-Ascorbinsäure bei der Weinbereitung. Z. Lebensm.-Unters, u. Forsch. 113, S. 277–289 und 381–387 (1960), 114, S. 26–38 (1961).

DITTRICH, H. H.: Mikrobiologie des Weines. Stuttgart 1977.

DITTRICH, H. H.: Die Verwendung von Reinzucht- und Trockenhefe bei der Fruchtweinbereitung. Flüssiges Obst 45, S. 295–297 (1978).

FETTER, K.: Filtration und Filter. Flüssiges Obst 37, S. 406–408 (1970).

GÖRTGES, S., MÜLLER, A.: Die Bereitung von Frucht- und Dessertweinen unter besonderer Berücksichtigung der Vergärung mit Trocken-Reinzuchthefe. Flüssiges Obst 44, S. 399–08 (1977).

HEIMANN, W., WUCHERPFENNIG, K., REINTJES, H. J.: Neuere Untersuchungen und Ergebnisse auf dem Gebiet der Fermentierung und Erhitzung von Obstmaischen. Die Nahrung 2, S. 117–133 (1958).

HIRSCH, S.: Kräuter-Rezeptbuch. Linz 2007.

HOBBYTHEK: Weine zum Selbermachen, o. O., o. J.

JAHN, J., LÖTHER, R., SENGLAUB, K.: Geschichte der Biologie. Jena 1985.

KARDOS, E.: Obst- und Gemüsesäfte. Leipzig 1979.

KARLSON, R.: Kurzes Lehrbuch der Biochemie. Stuttgart 1984.

KELM, W.: Einsatz kristalliner und flüssiger Zucker bei der Herstellung von Fruchtsäften und fruchtsafthaltigen Getränken. Flüssiges Obst 45, S. 341–347 (1978).

KOCH, J.: Über die Herstellung von Fruchtdessertweinen mit einem Alkoholgehalt über 13 Vol.-%. Industrielle Obst- und Gemüseverwertung 39, S. 432–434 (1954).

KOCH, J.: Die Schimmelpilzinfektion und ihre Bekämpfung. Flüssiges Obst 33, S. 366–371 (1966).

KOCH, J.: Zur Technologie der Fruchtsaft-Herstellung. Flüssiges Obst 39, S. 7–12 (1972).

KOCH, J.: Zur Beurteilung von natürlichem Fruchtsaftaroma. Flüssiges Obst 44, S. 426–430 (1977).

KÖHLER, A., ULLMANN, S.: Obst und Früchte von A–Z. München 1985.

LINGEN, H.: Früchte aus aller Welt in Garten & Küche. Köln 1988.

MAIER-BOHDE, H.: Das Verhalten von Pflanzenschutzmittel-Rückständen bei der Lagerung und Weiterverarbeitung von Erntegut. Flüssiges Obst 32, S. 534–536 (1965).

MROZEK, H., SCHLÖSSLER, H.-J.: Die Flaschenreinigung in der Süßmosterei. Flüssiges Obst 34, S. 203–207 und 245–247 (1967).

MÜLLER, E., LÖFFLER, W.: Mykologie. Stuttgart 1977.

MÜLLER-SPÄTH, H.: Aktuelle Betrachtungen zur Saftfiltration und Trubverarbeitung. Flüssiges Obst 43, S. 11–17 (1976).

NEUHOLD, M.: Gewürze aus eigenem Garten, Graz 1999.

PAHLOW, M.: Das große Buch der Heilpflanzen. München 1979.

PIEPER, H.-J., BRUCHMANN, E.-E., KOLB, E.: Technologie der Obstbrennerei. Stuttgart o. J.

POSSMAN, P., DORSCH, J.: Beitrag zur modernen Zuckerverarbeitung in der Getränkeindustrie. Flüssiges Obst 38, S. 456–461 (1971).

POSSMAN, P. et al.: Über vergleichende Untersuchungen von Entsaftungsverfahren am Beispiel von Äpfeln. Flüssiges Obst 42, S. 408–410 (1975).

SCHANDERL, H., KOCH, J., KOLB, E.: Fruchtweine. Stuttgart 1981.

SCHNEIDER, J., KNAUTH, A.: Die Obst- und Beerenweinbereitung. Minden 1983.

SCHOONMAKER, F.: Das Wein-Lexikon. Frankfurt 1984.

STEIDL, R.: Kellerwirtschaft, ISBN: 978-3-8404-8307-3 (München 2017)

STREIT, W.: Probleme der Flaschenreinigung. Flüssiges Obst 35, S. 430–434 (1968).

SULCH, D., VUJICIC, B.: Untersuchungen der Wirksamkeit von Enzympräparaten auf Pektinsubstraten und Frucht- und Gemüsemaischen. Flüssiges Obst 40, S. 79–83 (1973).

SUOMALAINEN, H., LEHTONEN, M.: Ursprung des Aromas in alkoholischen Getränken. Die Nahrung 24 (1), S. 49–61, (1980).

TRÄNKNER, S.: Der Dreh mit der Flasche. Stern 47, 225–229 (1982).

TROOST, G., HAUSHOFER, H.: Sekt, Schaum- und Perlweine. Stuttgart 1980.

TURNER, B.: The complete Home Winemaker + Brewer. London 1982.

TURNER, P., TURNER, A.: Home Winemaking. Berkshire 1982.

VOGEL, W.: Wein aus eigenem Keller. Stuttgart 1982.

VOGT, E. et al.: Der Wein. Stuttgart o. J.

WEIDE, H., AURICH, H.: Allgemeine Mikrobiologie. Jean 1979.

WUCHERPFENNIG, K.: Bedeutung der schwefligen Säure bei der Apfelweinherstellung. Flüssiges Obst 47, S. 331–334 (1980).

WUCHERPFENNIG, K., POSSMANN, P., HAMACHEZ, A.: Über die Entwicklung auf dem Gebiet des Baues von Pressen für Kernobst und zur vergleichenden Beurteilung der einzelnen Systeme und Maischebehandlungsverfahren mit einer Standardpresse. Flüssiges Obst 40, S. 266–276 (1973).